GOLDMANN

W0231138

Buch

Mit ihren Romanen *Die Farbe Lila* und *Meridian* sowie mit ihren Erzählungen wurde die farbige Schriftstellerin und Pulitzerpreisträgerin Alice Walker weltberühmt. Was in ihren literarischen Werken so besticht – die Warmherzigkeit und Sensibilität und die gleichzeitige leidenschaftliche Unbeirrbarkeit und Entschiedenheit, mit der sie sich mit dem Schicksal schwarzer Frauen auseinandersetzt und um ihre gesellschaftliche, politische und menschliche Emanzipation und Anerkennung kämpft –, all das prägt auch in faszinierender Weise ihre Essays zu Fragen des Feminismus, der Bürgerrechtsbewegung, der Literatur oder der eigenen Geschichte.
Hellsichtig und doch warmherzig, analytisch brillant und unversöhnlich gegen Vorurteile ankämpfend, schreibt Alice Walker in diesen Essays über alles, was sie bewegt: Sie erinnert sich an die Ängste ihrer Kindheit, an ihren Vater und andere fragwürdige männliche Vorbilder und an ihre Entwicklung zur »Womanistin«; sie schreibt über Literatur und das eigene Werk; sie greift in die Diskussion über das Selbstverständnis schwarzer Frauen und ihre Haltung zu (männlichem) Chauvinismus und (männlichem und weiblichem) Rassismus ein und setzt sich kritisch mit brennenden Fragen der Weltpolitik auseinander. Persönliches und Politisches bilden in diesen Essays eine Einheit, denn Alice Walker schreibt niemals abstrakt-theoretisch, sondern stets aus persönlichem Engagement heraus. So vermitteln diese Essays nicht zuletzt ein faszinierendes und authentisches Bild einer leidenschaftlichen und kämpferischen Frau.

Autorin

Alice Walker wurde 1944 in Eatonton, Georgia, als achtes Kind einer Kleinpächterfamilie geboren. Mit 24 Jahren veröffentlichte sie ihren ersten Gedichtband. Mittlerweile gehört sie zu den bekanntesten afroamerikanischen Schriftstellerinnen. Für ihren Roman *Die Farbe Lila* erhielt sie 1983 den Pulitzerpreis.

Im Goldmann-Verlag sind von Alice Walker lieferbar:

Meridian. Roman (8855)
Roselily. Dreizehn Liebesgeschichten (9186)

ALICE WALKER

Auf der Suche nach den Gärten unserer Mütter

Beim Schreiben der Farbe Lila

ESSAYS

Aus dem Amerikanischen von
Gertraude Krueger, Thomas Lindquist
und Helga Pfetsch

GOLDMANN VERLAG

Die Originalausgabe erschien unter dem Titel *In Search of our Mothers' Gardens* im Verlag Harcourt Brace Jovanovich Publ.
Die vorliegenden Essays erschienen erstmals im Weismann Verlag Frauenbuchverlag in zwei Bänden: *Auf der Suche nach den Gärten unserer Mütter* und *Beim Schreiben der Farbe Lila*.

Der Goldmann Verlag
ist ein Unternehmen der Verlagsgruppe Bertelsmann

Made in Germany · 10/89 · 1. Auflage
© by Alice Walker 1973, 1974, 1975, 1979, 1980, 1982, 1983
© der deutschen Ausgabe by Weismann Verlag
Frauenbuchverlag GmbH, München 1987
Der Abdruck des Essays *Auf der Suche nach den Gärten unserer Mütter* in der Übersetzung von Sybille Koch-Grünberg erfolgt mit freundlicher Genehmigung des Luchterhand Verlags, Darmstadt
Umschlaggestaltung: Design Team, München
Umschlagfoto: Jim Marshall
Druck: Elsnerdruck, Berlin
Verlagsnummer: 9442
CV · Herstellung: Gisela Ernst
ISBN 3-442-09442-9

Inhalt

Für meine Tochter Rebecca

Die in mir sah
Was ich für
eine Narbe hielt.
Und neu beschrieb
als eine Welt.

Womanistin: Eine schwarze oder farbige Feministin.

(Dieser Begriff hat für Alice Walker programmatische Bedeutung; die Übersetzer haben sich entschieden, ihn so zu übernehmen.)

1) Von *womanish* (frauenhaft): Gegenteil von *girlish* (mädchenhaft), d. h. leichtsinnig, unverantwortlich, nicht ernsthaft. Von einer traditionellen Redensart der Schwarzen abgeleitet, mit der Mütter ihre Töchter ermahnen: *You are acting womanish,* d. h. Du benimmst Dich wie eine Frau. Bezieht sich normalerweise auf ungehöriges, gewagtes, kühnes oder eigenwilliges Verhalten. Mehr wissen wollen und es genauer wissen wollen, als angeblich *gut* für einen ist. Interessiert an dem, was Erwachsene treiben. Sich erwachsen aufführen. Erwachsen sein. Austauschbar mit einem anderen gängigen Ausdruck von Schwarzen: »Willst wohl erwachsen spielen.« Verantwortlich. Entscheidungsfähig. *Ernsthaft.*

2) Auch: Eine Frau, die andere Frauen liebt sexuell und/oder nicht sexuell. Schätzt und bevorzugt die Frauenkultur, ebenso die Flexibilität der Gefühle bei Frauen (mag Tränen als natürliches Gegengewicht zum Lachen) und die Stärke von Frauen. Liebt manchmal individuell Männer, sexuell und/oder nicht sexuell. Hat sich dem Überleben der Menschheit und dem ganzheitlichen Menschen

verschrieben, egal ob männlich oder weiblich. Keine Separatistin, es sei denn zeitweise, wegen der Gesundheit. Aus Tradition Universalistin, wie z.B. in: »Mama, warum sind wir braun, rosa und gelb, aber unsere Cousins weiß, beige und schwarz?« Antwort: »Ja, siehst du, die farbige Rasse ist eben wie ein Blumengarten, in dem es Blumen jeder Farbe gibt.« Aus Tradition zu allem imstande, wie in: »Mama, ich geh nach Kanada, und Dich und noch so ein paar Sklaven nehm ich mit.« Antwort: »Wär nicht zum ersten Mal.«

3) Liebt die Musik. Liebt das Tanzen. Liebt den Mond. *Liebt* den Geist. Liebt die Liebe und das Essen und das Runde. Liebt den Kampf. Liebt ihre Leute. Liebt sich selbst. *Ohne Einschränkung.*

4) *Womanist* ist im Vergleich zu feministisch wie lila zu lavendel.

Mutterherzen

Schöpfung braucht
oft zwei herzen
eins das wurzelt
und eins das blüht
Eins das aushält
in trockenzeiten
und das festhält
in schmerzensstürmen
Die zarte blüte
in der zier
ihrer stunde
bürgt für ein herz
unbesungen, ungesehen.

Marilou Awiakta,
ABIDING APPALACHIA

Im Osten des grossen zentralafrikanischen Urwaldgürtels liegt eine offene Savanne, von der angenommen wird, daß sie die Heimat der ersten Menschenwesen sei – Jäger und Sammler, die sich von den großen Affen durch ihre Fähigkeit des aufrechten Ganges unterschieden, was ihnen die Möglichkeit gab, Werkzeuge herzustellen. Neuere Untersuchungen ... zeigen, daß die ersten Geräte, die diese Menschen herstellten, nicht von Männern ersonnen wurden, um Tiere zu jagen, wie dies lange angenommen worden ist, sondern von Frauen, um Pflanzen zu sammeln für den Verzehr.

»New Anthropological Finds:
The Swords startet Out as Ploughshares«,
MS. Gazette, August 1979

Auf der Suche nach den Gärten unserer Mütter

> Ich beschrieb ihr Wesen und ihre Veranlagung. Redete darüber, daß diese ein vielfältigeres Leben brauchten, um zum Ausdruck kommen zu können ... Ich legte ihr auseinander, daß ihre Emotionen statt in die richtigen Kanäle in Bahnen geflossen waren, in denen sie sich verzettelten. Ich sprach – ganz wunderbar, meiner Meinung nach – von einer Kunst, die noch geboren würde, von einer Kunst, die Frauen wie ihr einen Weg öffnen würde. Ich bat sie, zu hoffen und in Erwartung dieses kommenden Tages ein inneres Leben aufzubauen ... Mit einem seltsamen Beben in der Stimme sang ich ein Lied der Verheißung.
>
> »Avey«, Jean Toomer, *Cane*
> Der Dichter spricht zu der Prostituierten, die währenddessen einschläft –

Als der Dichter Jean Toomer in den frühen zwanziger Jahren durch den Süden wanderte, fiel ihm etwas Merkwürdiges auf: die schwarzen Frauen, deren Spiritualität so intensiv, so tief, so *unbewußt* war, daß sie selbst sich des Reichtums nicht bewußt waren, den sie in sich bargen. Blind stolperten sie durchs Leben: Kreaturen, die körperlich so mißbraucht und verstümmelt waren, so matt und verwirrt vor Schmerz, daß sie sich selbst der Hoffnung nicht wert wähnten. In dieser Abstraktion ohne ein eigenes Selbst wurden ihre Körper für die Männer, die diese benutzten, wurden sie mehr als nur »Sexualobjekt«, mehr sogar als nur Frauen: sie wurden Heilige. Statt sie als ganze Person wahrzunehmen, machte man ihren Körper zum Schrein: was man für ihr Bewußtsein hielt, wurde zu einem Tempel, der sich zur Anbetung eignete. Diese verrückten »Heiligen« starrten in die Welt hinaus, wild, wie Geisteskranke – oder still, wie Selbstmörderinnen; und der »Gott«, der in ihrem Blick lag, war so stumm wie ein großer Stein.

Wer waren diese »Heiligen«? Diese wahnsinnigen, verrückten, bemitleidenswerten Frauen?

Einige von ihnen waren zweifellos unsere Mütter und Großmütter. In der stummen Hitze des Südens in der Zeit nach dem Bürgerkrieg erschienen sie Jean Toomer so: exquisite Schmetterlinge, die in einem üblichen Honig festsaßen, die ihr Leben zu einer Zeit, in einem Jahrhundert voller Arbeit verbrauchten, das sie nicht anerkannte – nur als »Maulesel der Welt«. Sie hatten Träume, die keiner kannte – nicht einmal sie selbst auf eine verbindliche Weise –, und Visionen, die keiner verstehen konnte. Sie zogen umher oder saßen in ländlichen Gegenden, wo sie Geistern Wiegenlieder vorsummten und die Mutter Christi mit Kohle an die Rathauswand zeichneten. Sie zwangen ihren Geist, den Körper zu verlassen, und ihre Seele mühte sich wie ein schwacher Wirbelwind in dem Versuch, von dem harten roten Lehmboden aufzusteigen. Und wenn diese schwachen Windwirbel wie zerstreute Scherben auf die Erde zurückfielen, trauerte niemand darum. Statt dessen zündeten die Männer Kerzen an, um die Leere zu feiern, die zurückblieb, so wie es die Leute tun, die einen schönen, doch leeren

Raum betreten, um einen Gott wieder zum Leben zu erwecken.

Unsere Mütter und Großmütter, einige von ihnen: sie bewegten sich zu einer Musik, die noch nicht geschrieben war. Und sie warteten. Sie warteten auf den Tag, an dem das Unbekannte, das in ihnen war, ans Licht kommen würde; doch ahnten sie, ahnten irgendwie in ihrer Dunkelheit, daß sie am Tag ihrer Offenbarung längst tot sein würden. Deswegen liefen sie für Toomers Augen im Zeitlupentempo, auch wenn sie rannten. Denn sie hatten kein unmittelbares Ziel, und die Zukunft war noch nicht in ihrer Reichweite. Und die Männer nahmen unsere Mütter und Großmütter, »doch hatten keine Freude an ihnen«. So komplex war deren Leidenschaft und deren Ruhe.

In Toomers Augen lagen sie leer und brach da wie herbstliche Felder, die Erntezeit niemals absehbar, und er sah sie Ehen ohne Licht eingehen, ohne Freude; und Prostituierte werden, ohne Widerstand; und Mütter von Kindern, ohne Erfüllung.

Denn diese unsere Großmütter und Mütter waren keine »Heiligen«, sondern Künstlerinnen, die die Quellen der Kreativität, die sie in sich hatten und die nicht frei fließen konnten, in eine stumme und blutende Verrücktheit trieben. Sie waren Schöpferinnen, die ein Leben spiritueller Verschwendung führten, denn sie waren so reich an Spiritualität – der Grundlage aller Kunst –, daß die Anspannung, ihre ungenutzte und ungewollte Gabe auszuhalten, sie in den Wahnsinn trieb. Sie warfen diese Spiritualität weg, und das war ihr pathetischer Versuch, ihre Seele so zu erleichtern, daß der abgearbeitete, sexuell mißbrauchte Körper aushalten konnte.

Was hieß es zur Zeit unserer Großmütter für eine schwarze Frau, Künstlerin zu sein? In den Tagen unserer Urgroßmütter? Das ist eine Frage, auf die die Antwort grausam genug ist, um einem das Blut stocken zu lassen.

Hattest du eine Urgroßmutter, die unter der Peitsche irgendeines dummen und verdorbenen Aufsehers starb? Oder sollte sie für einen faulen, hinterwäldlerischen Tölpel Plätzchen backen, wenn ihre Seele doch danach schrie, Aquarelle von Sonnenuntergängen zu malen oder von dem Regen, der auf die grünen und friedlichen Weiden herabfiel? Oder wurde ihr Körper gepfählt und gezwungen, Kinder zu tragen (die ihr meist unter den Händen weg verkauft wurden) – acht, zehn, fünfzehn, zwanzig Kinder –, wenn es doch ihre einzige Freude war, die Heldenfiguren aus der Rebellionszeit in Stein oder Ton modellieren zu wollen.

Wie wurde die Kreativität der schwarzen Frau am Leben erhalten, Jahr um Jahr und Jahrhunderte um Jahrhunderte, wenn es doch die längste Zeit, die die Schwarzen schon in Amerika sind, ein strafbares Vergehen war, überhaupt Lesen und Schreiben zu können? Und es nicht die Freiheit gab, zu malen, Skulpturen zu machen, den Geist durch das Tun zu erweitern. Bedenkt nur, wenn ihr die Vorstellung ertragen könnt, welche Folgen es möglicherweise gehabt hätte, wäre auch das Singen durch das Gesetz verboten gewesen. Hört euch Bessie Smith, Billie Holiday, Nina Simone, Roberta Flack und Aretha Franklin an, um nur einige zu nennen, und stellt euch vor, diese Stimmen wären ein Leben lang mundtot gemacht worden. Dann beginnt ihr vielleicht, das Leben unserer »verrückten«, zu »Heiligen« gemachten Mütter und Großmütter zu verstehen. Die Agonie im Leben

von Frauen, die vielleicht Dichterinnen, Romanschrift-
stellerinnen, Verfasserinnen von Essays und Kurzgeschichten hätten sein können (und das seit Jahrhunder-
ten), und die starben, ihre eigentliche Begabung im Inneren erstickt.

Wäre dies das Ende der Geschichte, so hätten wir allen Grund, mit Okot p'Biteks großem Gedicht aufzu-
schreien, das ich hier frei wiedergebe:

> O, my clanswomen
> Let us all cry together!
> Come,
> Let us mourn the death of our mother,
> The death of a Queen
> The ash that was produced
> By a great fire!
> O this homestead is utterly dead
> Close the gates
> With *lacari* thorns,
> For our mother
> The creator of the Stool is lost!
> And all the young women
> Have perished in the wilderness!*

Doch das ist nicht das Ende der Geschichte, denn all die
jungen Frauen – unsere Mütter und Großmütter, *wir*

---

* (Oh, ihr Frauen meines Klans, / Laßt uns alle zusammen weinen! / Kommt,
/ Laßt uns den Tod unserer Mutter beklagen, / Den Tod einer Königin, /
Die Asche, die / ein großes Feuer übrig ließ! / Oh, dieses Gehöft ist ganz
und gar tot, / Verschließt die Tore / Mit *lacari*-Dornen, / Denn eure Mutter,
/ die Schöpferin des Stuhles ist dahin! / Und all die jungen Frauen / sind in
der Wildnis zugrunde gegangen!)

selbst – sind nicht in der Wildnis zugrunde gegangen. Und wenn wir uns fragen, warum, und die Antwort darauf suchen und finden, so werden wir – trotz aller Anstrengungen, dies aus unserem Gedächtnis zu löschen – genau wissen, wer und woraus wir schwarzen amerikanischen Frauen sind.

Ein Beispiel, vielleicht das ergreifendste und am meisten mißverstandene, kann den Hintergrund liefern, auf dem wir die Arbeit unserer Mütter sehen müssen; Phillis Wheatley, eine Sklavin aus dem achtzehnten Jahrhundert.

Virginia Woolf schrieb in ihrem Buch *Ein Zimmer für sich allein,* daß eine Frau zwei Dinge ganz sicher haben müsse, um schreiben zu können: ein eigenes Zimmer (das verschließbar ist) und genügend Geld, um davon leben zu können.

Was sollen wir dann von Phillis Wheatley halten, einer Sklavin, die nicht einmal sich selbst besaß? Diese kränkelnde, zarte, schwarze Frau, die manchmal selbst eine Dienerin nötig hatte – sie war von so schwacher Gesundheit – und die man, wäre sie weiß gewesen, leicht allen Frauen und den meisten Männern ihrer Zeit für überlegen gehalten hätte.

Virginia Woolf schrieb weiter – natürlich redete sie nicht von unserer Phillis –, daß »eine Frau, die im 16. Jahrhundert mit einer großen Begabung geboren wurde (man setze hier im *18. Jahrhundert* ein, *schwarze Frau, als Sklavin geboren oder dazu gemacht*) – ganz sicher verrückt werden mußte, sich erschossen hätte oder ihre Tage in einer einsamen Hütte außerhalb des Dorfes hätte beschließen müssen, halb Hexe, halb Magierin (man setze hier *Heilige* ein), gefürchtet und verhöhnt. Denn es

18

bedarf nur weniger Kenntnisse in Psychologie, um sicher zu sein, daß ein hochbegabtes Mädchen, das versucht hätte, ihre Gabe für Poesie zu gebrauchen ... so gepeinigt und von ihren eigenen widersprüchlichen Regungen hin und her gerissen worden wäre (füge hinzu von *Ketten, Gewehren, der Peitsche, dadurch, daß der eigene Körper Besitz eines anderen war, durch die Unterwerfung unter eine andere Religion*), daß sie Gesundheit und Verstand mit Sicherheit verlieren mußte«.

Die entscheidenden Worte in bezug auf Phillis sind die Worte »widersprüchliche Regungen«. Denn wenn wir die Gedichte von Phillis Wheatley lesen – oder die Romane von Nella Larsen oder die seltsam falschklingende Autobiographie dieser freiesten aller schwarzen Schriftstellerinnen, Zora Hurston –, spüren wir die »widersprüchlichen Regungen« allenthalben. Ihre Loyalitäten waren so völlig gespalten, wie es ohne Frage auch ihr Bewußtsein war. Doch wie könnte dies auch anders sein? Mit sieben in Gefangenschaft geraten, Sklavin reicher, wohlwollender Weißer, die ihr die »Wildheit« des Afrikas beibrachten, vor dem sie sie »errettet« hatten ... wobei man sich fragt, ob sie sich überhaupt an ihre Heimat erinnern konnte, so wie sie diese gekannt hatte oder wie diese wirklich war.

Aber weil sie versuchte, ihre Gabe für Poesie in einer Welt zu gebrauchen, die sie zur Sklavin machte, wurde sie »so gepeinigt und von ihren entgegengesetzten Instinkten hin und her gerissen, daß sie ihre Gesundheit ... verlor«. Die letzten Jahre ihres kurzen Lebens, die nicht nur das dringende Bedürfnis belastete, ihrer Gabe Ausdruck zu verleihen, sondern auch eine »Freiheit« ohne einen Pfennig Geld und ohne Freunde und mit mehreren kleinen Kindern, für deren Unterhalt sie schwer arbeiten mußte, kosteten sie die Gesundheit, das ist sicher. An Unterernährung und Verwahrlosung und wer weiß welchen seelischen Qualen leidend starb Phillis Wheatley.

Die schwarze, als Kind verschleppte, zur Sklavin gemachte Phillis war so von ihren »widersprüchlichen Regungen« hin und her gerissen, daß ihre Beschreibung »der Göttin« – so nannte sie die Freiheit, die sie nicht besaß, in ihren Gedichten – etwas Ironisches, grausam Komisches hat. Was Phillis tatsächlich mehr als ein Jahrhundert lang lächerlich gemacht hat. Ihre Gedichte werden vorzugsweise so gelesen, daß Phillis nur als Närrin dasteht. Sie schrieb:

> The Goddess comes, she moves divinely fair,
> Olive and laurel binds her *golden* hair:
> Wherever shines this native of the skies,
> Unnumber'd charms and recent graces rise.*

Es liegt auf der Hand, daß Phillis, die Sklavin, jeden Morgen der »Göttin« das Haar kämmte; bevor sie vielleicht die Milch brachte oder ihrer Herrin das Mittagessen zubereitete. Sie nahm ihre Bilder von dem einen, das sie über alle anderen Dinge erhöht sah.

Von späterer Einsicht begünstigt können wir jetzt fragen: »Wie konnte sie nur?«

Doch endlich, Phillis, verstehen wir es. Kein Kichern mehr, wenn uns deine steifen, mühsamen, mehr-

---

* Die Göttin naht, ihr Gang so himmlisch wunderbar, / Olivenzweig und Lorbeer umrankt ihr *goldnes* Haar: / Wo immer sie leuchtet, dies Himmelskind, / unendliche Anmut und immer neuen Liebreiz man find'. (Hervorhebung von mir, A.W.)

deutigen Zeilen aufgedrängt werden. Wir wissen jetzt, daß du keine Närrin, keine Verräterin warst; nur ein kränkelndes, kleines schwarzes Mädchen, aus Heim und Vaterland gerissen und zur Sklavin gemacht; eine Frau, die sich mühte, das Lied zu singen, das deine Gabe war, auch in einem Land von Barbaren, die dich für deine verwirrte Zunge priesen. Es ist nicht so sehr das, was du gesungen hast, sondern die Tatsache, daß du in so vielen unserer Vorfahren *die Idee des Singens* am Leben erhalten hast.

Wir schwarzen Frauen heißen in der Folklore, die so treffend den Finger darauf legt, welchen Status in der Gesellschaft man hat, »das *Maultier* der Welt«, denn uns hat man die Last aufgebürdet, die sich alle anderen – *alle* anderen – zu tragen geweigert haben. Man hat uns auch »Matriarchinnen«, »Superfrauen« und »Gemeine und böse Weiber« genannt. Nicht zu reden von »Kastriererinnen« und »Sapphires Mama«. Wenn wir um Verständnis gefleht haben, hat man unsere Persönlichkeit in einem völlig falschen Licht gesehen; wenn wir nur darum gebeten haben, daß sich jemand um uns kümmert, hat man uns mit leeren, begeisterten Aufrufen abgespeist und dann in die hinterste Ecke abgeschoben. Wenn wir Liebe verlangten, hat man uns Kinder gegeben. Kurz, sogar unsere schlichteren Gaben, unsere Arbeit aus Liebe und Treue, sind uns in den Rachen gestopft worden. Und wenn wir Künstlerin und schwarze Frau sind, haben wir einen niedrigeren gesellschaftlichen Status und nicht einen höheren, auch heute; und doch werden wir Künstlerinnen sein.

Deswegen müssen wir die lebendige Kreativität, die einige unserer Urgroßmütter nicht kennen durften, ohne Furcht aus uns herausholen und sie uns ansehen und mit unserem Leben gleichsetzen. Ich lege die Betonung auf *einige* unserer Urgroßmütter, denn es ist bekannt, daß die meisten unserer Urgroßmütter – auch ohne sie zu »kennen« – wußten, daß ihre Spiritualität etwas Reales war, auch wenn sie diese über das hinaus, was beim Singen in der Kirche geschah, nicht erkannten – und nie hatten sie die Absicht, diese Spiritualität aufzugeben.

Wie sie das taten: Diese Millionen von schwarzen Frauen, die nicht Phillis Wheatley waren, oder Lucy Terry, oder Nella Larsen, oder Bessie Smith – noch Elizabeth Catlett, noch gar Katherine Dunham –, das bringt mich auf den Titel dieses Artikels, »Auf der Suche nach den Gärten unserer Mütter«. Es ist ein persönlicher Bericht, dessen Thema und Bedeutung uns jedoch allen gemeinsam ist. Ich habe beim Nachdenken über die weitverzweigte Welt der schöpferischen schwarzen Frau herausgefunden, daß die zutreffendste Antwort einer wirklich wichtigen Frage oft sehr nahe liegt. So überraschte es mich nicht, als mir plötzlich meine eigene Mutter in den Sinn kam. In den späten zwanziger Jahren riß meine Mutter von zu Hause aus, um meinen Vater zu heiraten. Die Ehe – wenn auch nicht das Ausreißen – war etwas, was man von siebzehnjährigen jungen Frauen erwartete. Als sie 20 war hatte sie zwei Kinder und war mit einem dritten schwanger. Fünf Kinder später wurde ich geboren. Und so habe ich meine Mutter kennengelernt: sie war anscheinend eine große, weiche Frau mit liebevollen Augen, die zu Hause selten die Geduld verlor. Ihre heftige, aufbrausende Art kam nur ein paar Mal im Jahr zum

Vorschein, wenn sie sich mit dem weißen Hausbesitzer herumschlug, der ihr unglücklicherweise nahelegte, daß ihre Kinder doch nicht zur Schule gehen müßten.

Sie nähte alle unsere Kleider, sogar die Overalls meiner Brüder. Sie nähte alle Handtücher und Bettwäsche, die wir benutzten. Sie verbrachte die Sommer mit dem Einmachen von Gemüse und Obst. Sie verbrachte die Winterabende mit dem Anfertigen von genügend Steppdecken für alle unsere Betten.

Während des »Arbeitstages« arbeitete sie auf dem Feld Seite an Seite mit meinem Vater – nicht hinter ihm. Ihr Tag begann vor Sonnenaufgang und endete erst spät in der Nacht. Sie hatte nie einen Moment Zeit, sich ungestört hinzusetzen, um ihren eigenen, ganz persönlichen Gedanken nachzuhängen, nie einen Augenblick, in dem sie nicht unterbrochen worden wäre – durch Arbeit oder die lärmenden Nachfragen ihrer vielen Kinder. Und doch ist es meiner Mutter – und allen unseren Müttern, die nicht berühmt waren – zuzuschreiben, daß ich mich auf die Suche nach dem Geheimnis begab, das diesen geknebelten und oft verstümmelten, doch lebenssprühenden, schöpferischen Geist nährte, den die schwarze Frau geerbt hat und der bis auf den heutigen Tag plötzlich an ungezähmten und unwahrscheinlichen Orten aufblitzt.

Doch wann, so werdet ihr fragen, hatte meine überarbeitete Mutter die Zeit, den kreativen Funken zu erkennen oder ihm Nahrung zu geben?

Die Antwort ist so einfach, daß viele von uns Jahre gebraucht haben, um darauf zu kommen. Wir haben immer nur nach oben geschaut, wo wir doch nach oben hätten schauen sollen und nach unten.

Zum Beispiel: Im Smithsonian Institute in Washington, D. C., hängt eine Steppdecke, die keiner anderen in der Welt gleicht. In phantastischen, einfallsreichen und doch einfachen und zu identifizierenden Figuren schildert sie die Geschichte der Kreuzigung. Sie gilt als selten, als unbezahlbar. Obgleich sie sich an kein bekanntes Steppdeckenmuster hält, und obgleich sie aus allen möglichen Fetzen wertloser Lumpen hergestellt ist, ist sie offensichtlich das Werk einer Person mit einer kraftvollen Phantasie und tiefen spirituellen Gefühlen. Unter dieser Steppdecke fand ich ein Schild, auf dem es hieß, sie sei »vor hundert Jahren von einer unbekannten Schwarzen in Alabama« angefertigt.

Könnten wir herausfinden, wer diese »unbekannte« schwarze Frau aus Alabama gewesen ist, so würde sich herausstellen, sie war eine unserer Großmütter – eine Künstlerin, die ihren Stempel dem einzigen Material aufdrückte, das sie sich leisten konnte, und in dem einzigen Medium, das ihre gesellschaftliche Stellung ihr zu benutzen zugestand.

Wie Virginia Woolf weiter in *Ein Zimmer für sich allein* schrieb:

»Und doch muß ein Genius irgendeiner Art unter den Frauen existiert haben, wie er unter den arbeitenden Klassen existiert haben muß. [Setze dafür *Sklavinnen* und *die Frauen und Töchter von kleinen Pächtern* ein]. Hier und da loderte eine Emily Brontë oder ein Robert Burns auf [setze dafür *eine Zora Hurston* oder *ein Richard Wright* ein] und beweist seine Gegenwart. Aber ganz sicher brachte er sich nie zu Papier. Wenn man jedoch von einer Hexe liest, die getaucht wird, oder von einer Frau, die vom Teufel [oder von *der Heiligkeit*] besessen ist, von einer weisen Frau, die Kräuter verkauft [unsere Wurzelfrauen], oder auch nur von einem bemerkenswerten Mann, der eine Mutter hatte, dann, glaube ich, sind wir einer verlorengegangenen Romanautorin auf der Spur, einer unterdrückten Dichterin, einer stummen und unbekannten Jane Austen ... In der Tat, ich würde sogar so weit gehen zu vermuten, daß Anon [= Anonymus, Anm. d. Übers.], der so viele unsignierte Gedichte schrieb, oft eine Frau war ...«

Und so haben unsere Mütter und Großmütter – meist anonym – den schöpferischen Funken weitergegeben, den Samen der Blüte, die sie selbst nie zu sehen hofften: wie einen versiegelten Brief, den sie nicht richtig lesen konnten.

Und so ist es bestimmt auch mit meiner eigenen Mutter gewesen. Im Gegensatz zu »Ma« Raineys Liedern, denen – auch wenn Bettie Smith sie schmettert – anzuhören ist, wer sie geschaffen hat, wird kein Lied, kein Gedicht den Namen meiner Mutter tragen. Dennoch sind so viele der Geschichten, die ich schreibe, die wir alle schreiben, die Geschichten meiner Mutter. Erst vor kurzem ist mir folgendes in seiner ganzen Tragweite klar geworden: Ich habe durch das jahrelange Anhören der Geschichten, die meine Mutter von ihrem Leben erzählt hat, nicht nur die Geschichten selbst aufgenommen, sondern auch etwas von der Art wie sie redete, etwas von der Dringlichkeit, die das Wissen einschließt, daß ihre Geschichten – wie ihr Leben – festgehalten werden müssen. Wahrscheinlich ist das der Grund, warum so vieles von dem, was ich geschrieben habe, von Personen handelt, deren Gegenstück im realen Leben soviel älter ist als ich. Doch das Erzählen dieser Geschichten, die meiner Mutter so selbstverständlich von den Lippen kamen wie der Atem, war nicht die einzige Art, in der meine Mutter sich als Künstlerin erwies. Denn auch bei den Geschichten gab es Ablenkungen, sie erstarben, ohne zum Schluß zu kommen. Die Essensvorbereitungen mußten begonnen werden und die Baumwolle vor den großen Regengüssen eingebracht. Welche Künstlerin meine Mutter war und ist, wurde mir erst nach Jahren deutlich. Schließlich habe ich das Folgende festgestellt:

Wie Mem, eine Figur in *The Third Life of Grange Copeland*, schmückte meine Mutter jedes schäbige Haus, in dem wir zu wohnen gezwungen waren, mit Blumen. Und nicht nur mit den üblichen verwilderten Zinniensträuchern. Sie legte anspruchsvolle Gärten an – und tut es immer noch – mit mehr als fünfzig verschiedenen Pflanzen, die von Anfang März bis Ende November blühten. Bevor sie sich aufs Feld aufmachte, gab sie ihren Blumen Wasser, hackte das Gras weg und legte neue Beete an. Wenn sie vom Feld zurückkam, teilte sie vielleicht Blumenknollen, hob die Grube für eine Miete aus, grub Rosenbüsche aus und pflanzte sie woanders wieder ein oder beschnitt die größeren Büsche und Bäume – bis die Nacht einbrach und es zu dunkel zum Sehen wurde.

Was immer sie pflanzte, wuchs wie durch Zauberei, und ihr Ruhm als Blumenzüchterin verbreitete sich über drei Landkreise. So schöpferisch war sie mit ihren Blumen, daß ich mich sogar an die Armut nur durch einen Schleier von Blüten erinnern kann – Sonnenblumen,

Petunien, Rosen, Dahlien, Forsythien, Spireen, Rittersporn, Verbenen ... und so weiter und so weiter.

Und ich erinnere mich daran, daß Leute in den Hof meiner Mutter kamen, um sich Ableger von ihren Blumen geben zu lassen; ich höre wieder, wie man sie mit Lob überhaufte, weil sie jeden Fleck steiniger Erde, auf den es sie verschlagen hatte, in einen Garten verwandelte. In einen Garten, der so farbenprächtig war, so originell angelegt, so strotzend von Leben und Kreativität, daß die Leute – völlige Fremde – bis auf den heutigen Tag an unsrem Haus in Georgia vorfahren und bitten, das Kunstwerk meiner Mutter betreten zu dürfen.

Mir fällt auf, daß meine Mutter, nur wenn sie in ihren Blumen arbeitet, etwas Strahlendes hat; beinahe so stark ist das Strahlen, daß sie selbst dahinter verschwindet – nur noch als Schöpferin, als Hand und Auge da ist. Sie ist in die Arbeit vertieft, die ihre Seele besitzen muß. Sie ordnet das Universum nach dem Bild ihrer persönlichen Vorstellung von Schönheit.

Ihr Gesichtsausdruck beim Anfertigen der Kunst, die ihre Gabe ist, ist für mich ein Vermächtnis des Respekts vor allem, was das Leben schmückt und hochhält. Sie hat mir den Respekt vor den Möglichkeiten vererbt – und den Willen, sie zu packen.

Für sie, so behindert und ständig gestört sie auch in vieler Hinsicht war, hat es dennoch zum täglichen Leben gehört, daß sie Künstlerin war. Diese Fähigkeit des Ausharrens, auch auf eine sehr einfache Weise, ist eine Arbeit, die schwarze Frauen sehr lange Zeit geleistet haben.

Dieses Gedicht reicht nicht aus, doch es ist wenigstens etwas für die Frau, die buchstäblich die Löcher in unseren Mauern mit Sonnenblumen gestopft hat:

They were women then
My mama's generation
Husky of voice – Stout of
Step
With fists as well as
Hands
How they battered down
Doors
And ironed
Starched white
Shirts
How they led
Armies
Headragged Generals
Across mined
Fields
Booby-trapped
Ditches
To discover books
Desks
A place for us
How they knew what we
Must know
Without knowing a page
Of it
Themselves.*

* (Sie waren damals Frauen / Die Generation meiner Mutter / Mit heiserer Stimme – kräftig / ihr Schritt / Mit Fäusten und / Händen / Wie sie / Türen einschlugen / Und / Gestärkte weiße Hemden / Bügelten / Wie sie / Armeen / Generäle mit verbundenen Köpfen / Über Minenfelder / Führten / Über Gräben mit Minenfallen / Um Bücher zu entdecken / Schreibtische / Einen Platz für uns / Wie sie wußten, was wir / Wissen *müssen* / Ohne auch nur eine Seite davon / selbst zu kennen.)

Geleitet von meinem Erbe der Liebe für das Schöne und dem Respekt vor Stärke – auf der Suche nach dem Garten meiner Mutter – habe ich zu meinem eigenen gefunden.

Und vielleicht gab es in Afrika vor über 200 Jahren eine ebensolche Mutter; vielleicht malte sie farbenfrohe und gewagte Dekorationen in Orange und Gelb und Grün auf die Wände ihrer Hütte; vielleicht sang sie – mit einer Stimme wie Roberta Flack – *lieblich* über die Gehöfte ihres Dorfes; vielleicht wob sie die kunstvollsten Matten oder erzählte von allen Geschichtenerzählern des Dorfes die einfallsreichsten Geschichten. Vielleicht war sie selbst Dichterin – obgleich unter den Gedichten, die wir kennen, nur der Name ihrer Tochter steht.

Vielleicht war auch die Mutter von Phillis Wheatley eine Künstlerin. Vielleicht wird die Signatur ihrer Mutter in mehr als nur dem biologischen Leben von Phillis Wheatley deutlich.

1974

Aus einem Interview

Ich war schon immer eine Einzelgängerin, und seit meinem achten Lebensjahr (als mir ein traumatischer Unfall ein blindes und vernarbtes Auge einbrachte*) wird meine Phantasie nicht von Märchen beherrscht, sondern von der Vorstellung, in ein Schwert zu fallen, mir ein Gewehr an den Kopf oder ans Herz zu setzen, oder mir mit einer Rasierklinge die Pulsadern aufzuschneiden. Ich habe lange geglaubt, ich sei sehr häßlich und verunstaltet. Dadurch wurde ich scheu und ängstlich und fühlte mich oft von Beleidigungen und Kränkungen getroffen, die gar nicht beabsichtigt waren. Ich entdeckte die (legendäre) Grausamkeit von Kindern und Verwandten und erkannte nicht, daß es sich dabei eigentlich um Neugier handelt.

Trotzdem glaube ich, daß ich in dieser Zeit – vom einsamen Standpunkt einer Einzelgängerin, einer Außenseiterin – anfing, Menschen und Dinge wirklich zu sehen, Beziehungen wirklich wahrzunehmen und aufmerksam und geduldig abzuwarten, wie sie sich entwik-

* Siehe »Schönheit – Tanzen mit dem eigenen Selbst«, in: *Beim Schreiben der Farbe Lila*, München 1987

keln würden. Ich fühlte mich nicht mehr als das kleine Mädchen, das ich war. Ich fühlte mich alt und schämte mich, daß ich einen so unerfreulichen Anblick bot. Ich zog mich in die Einsamkeit zurück, las Geschichten und begann, Gedichte zu schreiben.

Aber erst in meinem letzten Jahr auf dem College begriff ich – einigermaßen –, worauf meine Phantasien hinausliefen. Damals beschäftigte ich mich mit der Einstellung aller Philosophen zum Selbstmord. Selbstmord war inzwischen nichts Furchterregendes oder auch nur Sonderbares mehr für mich, sondern einfach unvermeidlich. Nietzsche und Camus leuchteten mir am meisten ein; sie waren ohne Sentimentalität und Frömmelei. Es machte ihnen offenbar nicht viel aus, Gottes Unwillen zu erregen, und zu demselben Schluß war auch ich gekommen. Bei ihnen fand ich ganz nüchterne Überlegungen – obwohl beide andeuteten, daß auch Feigheit mit im Spiel sei, was mich irritierte. Dann war ich im Sommer in Afrika gewesen und gesund und braungebrannt ins College zurückgekehrt, mit Unmengen von Skulpturen und orangefarbenem Stoff – und schwanger.

Ich fühlte mich ohnmächtig, meinem eigenen Körper ausgeliefert, den ich inzwischen akzeptiert hatte als eine Art Gehäuse für das, was ich als mein wahres Ich ansah. Solange er ordentlich funktionierte, wurde er gekleidet, gehätschelt, annehmbaren Armen zugeführt, und ansonsten vergessen. Aber jetzt funktionierte er nicht mehr ordentlich. Mir war so elend, daß ich noch nicht einmal den Geruch frischer Luft ertragen konnte. Und ich hatte kein Geld, und vor allem war ich – wie schon seit meiner Grundschulzeit – allein. Ich sah keinen Ausweg und war nicht romantisch genug zu glauben, daß

Mutterinstinkte zum Überleben ausreichen; außerdem schienen mir solche Gefühle überhaupt abzugehen. Aber ich kannte niemand, der sich mit einer so verschwiegenen und unheimlichen Sache wie einer Abtreibung ausgekannt hätte. Als ich also trotz aller Bemühungen niemand für eine Abtreibung fand, wollte ich mich umbringen oder – wie ich es damals für mich nannte – »mir ein bißchen Ruhe gönnen«. Ich ging nicht mehr zum Essen hinunter, weil ich mich ständig übergeben mußte, auch wenn nichts kam außer gelber, bitterer Galle. Ich lag in kaltem Schweiß auf dem Bett, und alles um mich herum drehte sich.

Als ich so dalag, dachte ich an meine Mutter, für die Abtreibung eine Sünde ist; ihr Gesicht erschien in dem Fensterrahmen mir gegenüber, und um ihren Kopf war ein Kranz von Sonnenblumen und riesigen Begonien (ihre Blumen lieben sie und wachsen so hoch sie will); ich dachte an meinen Vater, diesen mißtrauischen, ehemals fetten, jetzt langsam schrumpfenden Mann, von dem ich keinerlei Hilfe erhalten hatte, seit ich zwölf war und er mir ein Paar häßliche Schnürschuhe kaufte, die ich nicht anziehen wollte. Ich dachte an meine Schwestern, die ihre eigenen Probleme hatten (als ich mich mit meinem Problem an sie wandte, gab eine Schwester überhaupt keine Antwort, die andere bezeichnete mich – mit ausgewählten Formulierungen in einem fünfundvierzig Minuten langen Ferngespräch – als Nutte). Ich dachte an die Leute bei der Abschlußfeier von der High School, die eine Sammlung veranstaltet und fünfundsiebzig Dollar zusammengebracht hatten, damit ich aufs College gehen konnte. Ich dachte an den Scheck über hundert Dollar, den mir meine Schwester geschenkt hatte, weil ich die High School als Klassenbeste abgeschlossen hatte: ich hatte ihn nie eingelöst, da ich genau wußte, daß er nicht gedeckt war.

Und an diesem Punkt erlaubte ich mir exakt zwei Tränen des Selbstmitleids; was für eine Verschwendung, wie konnte ich nur? Aber dann wurde ich mir durch meine Heulerei selbst zuwider, also hörte ich damit auf und tröstete mich mit dem Gedanken, daß ich ja nie wieder weinen oder irgend jemand anderen weinen sehen müßte.

Drei Tage lang aß und schlief ich nicht. Zeitweilig lehnte mein Kopf jedes Nachdenken über mein Problem ab – er war schon bei der Lösung. Ich betete zu – aber ich weiß gar nicht, zu wem oder zu was ich betete oder ob ich überhaupt betete. Vielleicht betete ich ein bißchen zu Gott, und dann ein bißchen zu dem Großen Nichts. Als ich an meine Familie dachte und als ich – am dritten Tag – anfing, ihre Gesichter an den Wänden ringsum zu sehen, wurde mir klar, daß sie die Nachricht von meinem Tod mit Schmerz und Erschütterung aufnehmen würden. Aber wenn herauskäme, daß ich schwanger war, würde mein Tod ihnen gar nicht mehr viel ausmachen. Dann würden sie mich vor allem für verdorben halten. Sie würden sich meiner schämen.

Drei Tage lag ich mit einer Rasierklinge unter dem Kopfkissen im Bett. Nur drei Freundinnen wußten von meinem Geheimnis – und alle drei waren unerfahren (außer vom Hörensagen) und hilflos. Sie kamen oft, um mich aufzumuntern und mich über so belanglose Dinge wie den Unterricht auf dem laufenden zu halten. Ich hatte sie lieb, und ihre Fürsorglichkeit rührte mich. Aber wenn sie wieder weg waren, nahm ich die Rasierklinge und drückte sie mir tief in den Arm. Ich übte die Bewegung des Schneidens. Damit ich mir, wenn es keine Hoffnung mehr gab, die Pulsadern schnell und (wie ich hoffte) schmerzlos aufschneiden konnte.

In diesen drei Tagen nahm ich Abschied von der Welt (das schien, damals schon, eine hochgestochene Empfindung, aber allmählich wurde alles unwirklich; mir wurde klar, wie sehr ich die Welt liebte und wie schwer es mir fallen würde, nicht mehr jeden Morgen die Sonne aufgehen zu sehen, den Schnee, den Himmel, die Bäume, die Felsen, die Gesichter der Menschen in ihrer Verschiedenartigkeit (damals nämlich begann alles ineinanderzufließen; das Gesicht einer Freundin entpuppte sich als das freundliche, sanfte Gesicht eines Löwen, und eines Tages fragte ich sie, ob ich ihr Gesicht anfassen und ihre Mähne streicheln könne. Ich befühlte ihr Gesicht und ihre Mähne, und sie war wirklich ein Löwe; da spürte ich zum ersten Mal, daß auch ein nichtswürdiger Mensch wie ich möglicherweise zu Weisheit finden könnte). Aber ich entdeckte – wie damals auf der Veranda eines Gebäudes in Liberty County, Georgia, wo Steine und Flaschen mich nicht treffen konnten, als ich dasaß und zu den Sternen emporschaute –, daß ich den Tod nicht fürchtete. In gewisser Weise fing ich an, mich darauf zu freuen. Ich war müde. Die Selbstmordgedichte in »Once« sind zum größten Teil aus den Gefühlen während dieser Zeit des Wartens heraus entstanden.

Am letzten Tag, an dem noch ein Wunder geschehen konnte, rief eine Freundin an und sagte, jemand hätte ihr eine Telefonnummer gegeben. Ich rief vom College aus dort an, ohne mir irgendwelche Hoffnungen zu machen, und bekam einen Termin. Ich ging zu dem Arzt, und der schläferte mich ein. Als ich aufwachte, war meine Freundin da und hatte eine rote Rose in der Hand. Sie war ein blondes, grauäugiges Mädchen, das sich für Pferde und Tennis begeisterte, und sie sagte nichts, als sie mir mein Leben zurückgab. Dieser Moment hat sich mir für immer eingeprägt – ihr Lächeln, traurig und schmerzerfüllt und schrecklich jung –, als sie so sehr versuchte, mir beizustehen und meine Freundin zu sein. Sie fuhr mich ins College zurück und steckte mich ins Bett. Meine andere Freundin, braun, ein Irrwisch in Blau und Scharlachrot, mit lohenden Haaren, brachte mir zu essen.

In der Woche schrieb ich hintereinanderweg (Pausen machte ich nur zum Essen und um aufs Klo zu gehen) fast alle Gedichte in »Once« – mit ein oder zwei Ausnahmen vielleicht, an die ich mich nicht erinnere.

Ich schrieb sie alle in ein winzigkleines blaues Notizbuch, das ich jetzt nicht mehr finden kann – zuerst die Gedichte über Afrika, denn in der ersten Nacht, in der ich wieder schlafen konnte, drängte sich Afrika in meine Träume, seine Vitalität, die Farben und Freundschaften. Ich hatte seit meiner Rückkehr nicht mehr an Afrika gedacht (außer wenn ich davon erzählte). Alle Skulpturen und Webarbeiten hatte ich verschenkt, da von ihnen ein Geruch auszugehen schien, der mir noch mehr Übelkeit verursachte als der frischer Luft. Dann schrieb ich die Selbstmordgedichte, weil ich zu verstehen glaubte, welche Rolle Nebensächlichkeiten und Erschöpfung bei einem Selbstmord spielen. Mir wurde auch allmählich klar, wie einsam Frauen aufgrund ihres Körpers sind. Danach schrieb ich die Liebesgedichte (über wahre und eingebildete Liebe) und versuchte, mich mit allem Menschlichen auszusöhnen. »Johann« ist das extremste Beispiel für dieses Bedürfnis, auch das zu lieben, was in höchstem Maße fremd und unheimlich ist. Tatsächlich nämlich hatte ich mich auf meiner Reise durch Deutschland in einem Zustand ständiger Angst befunden, und daran konnten alle Schmeicheleien von gutaussehenden deutschen jungen Männern nichts ändern. Dann schrieb ich die Gedichte über den Kampf in den Südstaaten. Demonstrationen, Protestmärsche, alles, was ich in mir begraben hatte, denn wenn ich daran dachte, löste der Schmerz eine Art geistiger und moralischer Verwirrung aus, die mich lähmte. Stets stritten die erlittene Wut und Erniedrigung mit der Hochstimmung, der Euphorie, dem *Glücksgefühl* nach jedem üblen Zusammenstoß, jeder Konfrontation, die ich heil überstanden hatte, ohne – wie die Menschen vor mir – mit Obszönitäten oder Steinen um mich zu werfen. Denn bei diesen Zusammenstößen hatte ich angefangen zu begreifen, was es bedeutet, verloren zu sein.

Jeden Morgen schob ich die in der Nacht fertiggestellten Gedichte unter Muriel Rukeysers Tür durch – ihr Klassenzimmer war ein altes Gärtnerhäuschen mitten auf dem Campus. Dann rannte ich zurück in mein Zimmer, um weiterzuschreiben. Was sie mit den Gedichten machte, war mir egal. Mein einziger Gedanke war, daß jemand sie lesen sollte, als wären sie frische Triebe an einem alten Baum. Die Energie, die mich die Gedichte schreiben ließ, trug sie auch zu ihrer Tür.

Das war der Winter 1965, meine letzten drei Monate auf dem College. Ich war 21; allerdings wurde »Once« erst drei Jahre später veröffentlicht, als ich 24 war. (Muriel Rukeyser gab die Gedichte an ihre Agentur, die sie an Hiram Haydn von Harcourt Brace Jovanovich weiterleitete, und der nahm sie auf der Stelle an; ich kann also nicht behaupten, daß ich bisher Schwierigkeiten hatte, meine Werke unterzubringen.) Als »Once« schließlich herauskam, schien es mir nicht mehr wichtig – ich war verblüfft, daß es beinahe sofort eine zweite Auflage gab –, ich meine, das Buch selbst schien mir nicht mehr wichtig; wichtig war nur der Prozeß des Schreibens gewesen, durch den mir klar geworden war, wie sehr ich am Leben hing. Dieses Glücksgefühl setzt sich in meiner ersten veröffentlichten Kurzgeschichte »To Hell With Dying«* fort. Sie handelt von einem alten Mann, den die Liebe seiner Nachbarskinder unzählige Male vor dem Tode rettet. Diese Kinder, das war ich, und der alte Mann war ich auch.

Ich beschreibe diese Erinnerungen so ausführlich, weil ich glaube, sie können auch anderen Frauen etwas bedeuten. Ich denke nicht gerne daran zurück, ja ich wünschte, das alles wäre nie geschehen. Aber es ist meine feste Überzeugung, daß ich nie hätte weiterleben und Schriftstellerin werden können, wenn es nicht geschehen wäre.

Mir scheint, daß ich seit damals immer dann Gedichte schreibe – die eher gruppenweise als einzeln entstehen –, wenn ich mich aus einem Zustand dumpfer Verzweiflung herausziehen konnte und wieder im Licht der Sonne stehe. Gedichte schreiben ist meine Art, mit der Welt zu feiern, daß ich mich am Abend zuvor nicht umgebracht habe.

Langston Hughes sagt in seiner Autobiographie, er hätte seine besten Gedichte geschrieben, wenn er traurig

* Deutsch »Sterben kommt nicht in Frage«, in *Roselily*, München 1986

war. Wenn er glücklich war, schrieb er überhaupt nicht. Das gilt auch für mich, soweit es Gedichte betrifft. Wenn ich glücklich bin (oder weder glücklich noch traurig), schreibe ich Essays, Kurzgeschichten und Romane. Gedichte – selbst fröhliche Gedichte – entstehen aus angestauter Traurigkeit.

Wenn ich Gedichte schreibe, ist das nie bewußt geplant; ich merke allerdings, daß da gewisse Gefühle sind, denen ich gerne nachgehen würde. Womöglich verarbeitet mein Unterbewußtsein diese Gefühle lange, bevor ich es weiß, zu Gedichten. Ich habe gelernt, geduldig zu warten (und mitunter aus Angst, sie könnten nicht von Dauer sein, gute Zeilen, Bilder nicht anzunehmen, wenn sie auf mich zukommen), bis ein Gedicht vor mir steht – wenn möglich in seiner *Gesamtheit*. Manchmal spüre ich, lange bevor ich mich ans Schreiben mache, das Bedürfnis, Gedichte zu schreiben. Da ist eine ganz bestimmte Unruhe, eine Art fiebrige Erregtheit, und auch ein bißchen Angst ist dabei. Angst weil ich nach jedem Schub von Gedichten überzeugt bin, daß ich nie wieder Gedichte schreiben werde. Ich erkenne, daß sie mich in der Hand haben, nicht ich sie. Ich schiebe das Schreiben hinaus, so lange es geht. Dann schließe ich mich in mein Arbeitszimmer ein, schreibe eine Zeile nach der anderen, verstecke sie unter anderen Papieren und schaue sie lange Zeit nicht mehr an. Ich fürchte, wenn ich sie zu früh lese, werden sie zu Schund oder – noch schlimmer – zu flüchtigen, aus dem Augenblick geborenen Erscheinungen, die nach ein paar Wochen keinerlei Bedeutung mehr haben, nicht einmal für mich. (Darin unterscheidet sich die Art, wie meine späteren Gedichte und die in »Once« entstanden sind.) So versuche ich auch, mich gegen die allzumenschliche Neigung zu schützen, Lyrik mit Halbwahrheiten, mit windigen Erkenntnissen beladen zu wollen. Ich weiß, wenn ich Lyrik schreibe, bin ich so high, daß ich meine, ich bin unsichtbar, und in dem Zustand schreibt man alles mögliche.

Es geht mir um das geistige Überleben, das *ganzheitliche* Überleben meines Volkes. Darüber hinaus aber will ich die Unterdrückungen, die Verrücktheiten, die Loyalitäten und die Triumphe schwarzer Frauen aufspüren. *The Third Life of Grange Copeland* handelt scheinbar von einem Mann und seinem Sohn, aber eigentlich dreht sich alles um die Frauen und die Art, wie sie behandelt werden. In meinem neuen Buch »In Love & Trouble: Stories of Black Women«* versuchen dreizehn Frauen – verrückt, tobend, liebend, grollend, haßerfüllt, stark, häßlich, schwach und großartig – in Loyalität zu schwarzen Männern zu leben, wodurch ihr Leben bestimmt wird. Schwarze Frauen sind für mich die faszinierendsten Geschöpfe der Welt.

Gleich danach kommen die Alten – Männer und Frauen –, die trotz allem in ihrer Schönheit fortleben. Wie machen sie das, bei allem, was sie wissen? Bei allem, was sie erlebt haben? Es ist ein Rätsel, und so zieht es mich in ihr Leben. Mein Großvater, der mit seinen 85 Jahren nie aus Georgia herausgekommen ist, schaut mich mit den fröhlichen Augen eines Dreijährigen an. Er

---

* Deutsch *Roselily – 13 Liebesgeschichten*, a.a.O.

hat in seinem Leben Unbeschreibliches durchgemacht. Wie kann er mich so ansehen? »Deine Augen sind weit geöffnete Blumen / Nur in der Mitte dunkel gepreßt / Um Rätsel zu bergen / Die mich zu einem Blühen führen, reicher als / ich je sah / Ein Geheimnis versprechen, das ich / haben muß.« Alle meine »Liebesgedichte« gelten Alten, Jungen, Männern, Frauen, Kinder und allem, was wächst ...

Weiße männliche Schriftsteller können möglicherweise das Böse in sich selbst (das schließlich seit Hunderten von Jahren belegt ist – mit Worten und mit dem Ruin des Landes, der Erde) deutlicher erkennen als schwarze männliche Schriftsteller, die sich, gemeinsam mit schwarzen und weißen Frauen, stets als die Opfer dieses Bösen betrachtet haben und mithin als auf der Seite von Christus, den Unterdrückten und Unschuldigen stehend.

Die weißen Schriftstellerinnen, die ich bewundere – Kate Chopin, die Brontës, Simone de Beauvoir und Doris Lessing –, sind sich ihrer Unterdrückung sehr wohl bewußt und suchen unablässig so etwas wie eine Erlösung. Ihre Figuren haben immer die Vision einer Lösung, einer bewußtseinsmäßigen Weiterentwicklung der Gesellschaft, auch wenn die Gesellschaft selbst keine Lösung anbieten kann. Selbst wenn sie für ihre Vision von der Gesellschaft umgebracht werden. Sie zeigen sich im allgemeinen auch toleranter gegen das Unerklärliche als Ahab, der den Wal beherrschen und nicht ihm gleichgestellt sein will.

Wenn Afro-Amerikaner und die Ureinwohner Amerikas sich etwas von ihrem afrikanischen und ur-amerikanischen Erbe bewahrt haben, dann wohl den Glauben, daß alles von Geist durchdrungen ist. Dieser Glaube bestärkt ein durch Intuition gewonnenes Wissen. Mich persönlich überrascht es nicht, wenn die Wissenschaftler jetzt entdecken, daß Bäume, Pflanzen, Blumen so etwas wie Gefühle und Emotionen haben, daß sie erschrecken, wenn man sie anschreit, und bleich werden, wenn ein böser Mensch in der Nähe ist, der ihnen etwas antun könnte.

In meinem Leben wie in meinem Schreiben strebe ich nach Bewußtsein und Offenheit für das Unerklärliche, das meiner Meinung nach tiefer geht als Politik, Rasse oder geographische Zuordnung. Wenn ich Gedichte lese, suche ich nach einer Andeutung von etwas Rätselhaftem und seiner Vertiefung, denn das spricht mich an. So habe ich mich von Zen-Epigrammen und japanischen Haikus beeinflussen lassen, vor allem bei den Gedichten in »Once«. Ich glaube, daher kommt meine Hochachtung für die kurze Form. Die Erkenntnis, daß ein Dichter in drei oder vier Zeilen Unerklärliches ausdrücken, Schönheit und Freude beschwören, ein Bild malen kann, ohne dabei auf irgendeine Art zu sezieren oder zu analysieren, hat mich begeistert. Im Haiku sind die Insekten, Fische, Vögel und Apfelblüten noch unversehrt. Man hat nicht etwas anderes aus ihnen gemacht. Man hat sie in ihrer eigenen Erhabenheit belassen, anstatt sie zu benutzen, um die Erhabenheit von Menschen – und das heißt in der Regel, die Erhabenheit der jeweiligen Dichter – herauszustellen.

Ich glaube an den Wandel, persönlichen wie gesellschaftlichen Wandel. Ich habe in den Südstaaten eine Revolution erlebt (eine zweifellos noch nicht vollendete, deren neue Ordnung aber allenthalben sichtbar ist). Außerdem bin ich – bis ich mich weigerte hinzugehen – mit der Methodistischen Kirche aufgewachsen, die mich gelehrt hat, daß jeder, wie Paulus auf dem Wege nach Damaskus, ein anderer Mensch werden kann, und daß Moses – dieser liebe alte Mann – so viele Wandlungen durchgemacht hat, daß es selbst Gott zuviel wurde. Es war also zu *erwarten,* daß Grange Copeland eine Wandlung durchmacht. Er hatte das Glück, von Liebe zu etwas außerhalb seiner selbst angerührt zu werden. Brownfield erfuhr keine Wandlung, weil er nicht bereit war, sein Leben für irgend etwas einzusetzen. Männer seiner Art konnten in Jesus (oder Che oder King oder Malcolm oder Medgar) nie etwas anderes sehen als ein Werkzeug der Weißen. In sich selbst konnte er nichts von Wert entdecken, und sich ein Leben ohne die Weißen als Kontrastfolie vorzustellen, hatte er nicht den Mut. Daß er zu dem wurde, was er haßte, war schicksalhaft und unvermeidlich.

Noch etwas zu der »Revolution im Süden«. Als ich von Eatonton, Georgia, nach Atlanta auf das Spelman-College fuhr (wo ich zweieinhalb Jahre verbrachte, ohne mich je wohlzufühlen), setzte ich mich in dem Greyhound-Bus mit Absicht nach vorne. Eine weiße Frau beschwerte sich beim Fahrer. Der – groß, rot und häßlich – befahl mir, mich woanders hin zu setzen. Ich tat wie geheißen. Aber in diesen Sekunden veränderte sich alles für mich. Jetzt hatte ich genug von dem Süden, wo man mich so erniedrigen konnte. In meinem zweiten College-Jahr stand ich vor der Trevor-Arnett-Bibliothek der Atlanta University auf dem Rasen und hörte die jungen

Führer der SNCC (*Student Nonviolent Coordinating Committee*) sprechen. John Lewis war da und Julian Bond auch – dünn, in hellen Jeans, gestärkt und gebügelt; er sah (mit seinem kurzgeschorenen Haar, das sich aber immer noch kringeln wollte) wie ein Dichter aus (was er auch war). Alle waren schön, denn alle (und jetzt denke ich an Ruby Doris Robinson, die inzwischen gestorben ist) hielten sich bei den Händen, um ihre Angst zu überwinden. In jenen Tagen färbte in Atlanta der Frühling die Luft grün. Nirgendwo sonst habe ich je so etwas erlebt – noch nicht einmal in Uganda, wo das Grün von Hügeln, Pflanzen, Bäumen einen selbst im Traum nicht losläßt. Die Luft war wie Wasser geworden – und der kurze Weg von Spelman nach Morehouse war, als ginge man durch einen grünen See. Und dann natürlich die Kirschbäume – inzwischen hat man sie gefällt, glaube ich –, die andauernd in Blüte standen, während wir – jung und bebend vor Angst und Entschlossenheit, unsere Welt zu verändern – glühende Lieder sangen und dabei an den Tod dachten. Angesichts dieser engen Verbindung von Schönheit und Tod verwunderte es nicht, daß die Leute im und um den SNCC damals in ihrer Mehrzahl Anhänger von Camus waren.

Was ich aus jener Zeit sonst noch vor mir sehe: Mich, wie ich gehe, als sei ich auf dem Weg zur Guillotine, und neben mir (als Marschgefährtin) ein schönes Mädchen, das Französisch sprach und aus Tuskegee, Alabama, nach Spelman gekommen war (»Chic Freedom's Reflection« in »Once«) und ein untrügliches Stilgefühl hatte, selbst unter widrigsten Umständen. Sie war das einzige wirklich schwarzhäutige Mädchen in Spelman, das man von Kopf bis Fuß in blendendes Weiß gekleidet herumlaufen sah – denn sie wußte, instinktiv, daß Weiß aus einem sowieso schon schönen Mädchen eine geradezu traumhafte Erscheinung macht. Mich, wie ich an einem Restaurant vorbeimarschiere und – drinnen – mit sauberen Servietten und Wassergläsern gedeckte Tische sehe und den Besitzer, der vor uns steht und uns die Tür versperrt, ein Jude, der auf der Stelle verrückt wurde und umkippte. Mich, in einem rosa Ripsseidenkleid, mit meiner ersten richtigen Freundin, einer Afrikanerin, mit der ich das Zimmer teilte, wie wir die breiten weißen Stufen zu einer breiten weißen Kirche hinaufsteigen. Und Männer (Weiße) in blauem Anzug mit Fliege, die plötzlich auf den Stufen vor uns auftauchten und Beilstiele in der Hand hatten (»The Welcome Table« in »In Love & Trouble«*). Wir drehten uns um und gingen. Es war ein strahlender, sonniger Tag. Mich, wie ich in Liberty County, Georgia, nachts auf einer Veranda sitze, nach einer Demonstration vor dem Gefängnis (da wurde ein schwarzer Lehrer aus der Gegend festgehalten) und den blutenden Kopf eines kleinen Mädchens halte – was ist aus ihr geworden? Sie war vielleicht acht oder zehn Jahre alt, aber noch ganz klein, und die Wunden stammten von einer kaputten Flasche, die von vorne aus dem Mob geflogen kam. In diesem Bild kommt auch ein weißes Mädchen vor, das mir Respekt einflößte, weil sie vor nichts zurückschreckte und nie mit der Wimper zuckte, ganz egal, was aus dem Mob – was ist aus denen geworden? – geworfen wurde. Später, in New York, wollte sie mich überreden, gemeinsam mit ihr LSD zu probieren; dazu ist es nur deshalb nicht gekommen, weil ich an dem

* Deutsch »Der Willkommenstisch«, in *Roselily*, a.a.O.

festgesetzten Abend eine schlimme Erkältung hatte. Ich vermute, daß sie nie mit der Wimper zuckte, weil sie einfach nicht fassen konnte, was sie sah. Wir haben versucht, in Verbindung zu bleiben – nun hatte ich aber nie viel besessen (nicht einmal ein Haus, durch das es nicht hereinregnete) und war mir immer über mein Bedürfnis nach Sicherheit im klaren, während sie aus einem Haus mit elf Zimmern in Philadelphia kam und, wie ich annehme, nie materielle Sorgen gekannt hatte. Und so gingen unsere tiefsten Gefühle schließlich aneinander vorbei. Sie war für mich jemand, der es sich leisten konnte, eine Zeitlang auf arm zu machen (wobei ihre Armut durch gelegentliche Auslandsreisen unterbrochen wurde), und ich war für sie möglicherweise eine von diesen inflexiblen schwarzen Frauen, über die sich schwarze Männer ständig beklagen – die es fertigbringen, eine unbeschwerte Romanze mit Bemerkungen wie »Schön und gut …, aber wie sollen wir die Kinder ernähren?« zu stören.

Der Punkt ist, daß ich noch nicht mal zehn Jahre nach diesen Ereignissen in Georgia (und Mississippi) herumlaufe und esse, schlafe, liebe, singe und die Toten begrabe – wie es sich für Männer und Frauen gehört, dort, wo das einzige »Zuhause« ist, das sie je gekannt haben. Es gibt nur noch ein einziges Schild »For Coloreds« in Eatonton, und das hängt vor dem Friseurladen eines Schwarzen. Er ist einfach nicht auf der Höhe der Zeit. Falls du dies liest, Booster – besorg dir ein *anderes* Schild!

Ich betrachte mein bisheriges Werk als einen Grundstock. Deshalb wußte ich wohl bei »The Third Life of

Grange Copeland« von Anfang an, daß der Roman mehrere Generationen sowie Wachstum und Umbruch von über einem halben Jahrhundert würde umfassen müssen. Er fängt um 1900 an und geht bis in die sechziger Jahre. Mein erster Entwurf (von dem nicht eine einzige Zeile in die endgültige Fassung eingegangen ist) begann jedoch so, daß Ruth als Rechtsanwältin der Bürgerrechtsbewegung in Georgia ihrem Vater, Brownfield Copeland, bei einem durch Trunkenheit bedingten Unfall beistehen will und eine Auseinandersetzung mit ihm hat. In dieser Version ist sie verheiratet – ihr Mann ist ebenfalls Rechtsanwalt – und beide engagieren sich für den Freiheitskampf in den Südstaaten. In Georgia, genauer gesagt. Es gab viele Liebesszenen und viel Courage. Aber das Ganze hatte nicht genug Abstand und war zu oberflächlich – als wäre alles unmittelbar aus dem Augenblick heraus entstanden. Und so etwas gibt es gar nicht, glaube ich.

Deshalb habe ich den Großvater eingeführt. Dem Verhältnis von Eltern und Kindern wollte ich nämlich schon immer genauer nachgehen, insbesondere dem von Töchtern und Vätern (das hat mich immer am meisten beschäftigt; in »The Child Who Favored Daughter« in »In Love & Trouble«* zum Beispiel schneidet der Vater seiner Tochter die Brüste ab, weil sie sich in einen weißen Jungen verliebt hat; warum das, wenn nicht aus sexueller Eifersucht?), und ich wollte auch für mich selbst herausfinden, wie es kommt, daß der Haß eines Kindes auf Vater oder Mutter unerbittlich wird. Außerdem wollte ich die Beziehungen zwischen Männern und Frau-

---

* Deutsch »Das Kind, das wie Daughter war« in *Roseltly*, a.a.O.

en ergründen, und warum man Frauen immer verdammt für das, was bei Männern als Ausdruck der Männlichkeit gilt. Warum sind Frauen immer gleich »Flittchen« und »Verräterinnen«, wenn Männer, die das gleiche tun, als Helden betrachtet werden? Warum lassen Frauen sich das gefallen?

Mein neuer Roman handelt von verschiedenen Frauen, die in den sechziger Jahren erwachsen wurden und an der Bewegung in den Südstaaten teilgenommen (oder nicht teilgenommen) haben. Ich gehe ihrem Hintergrund, ihren Familien- und Geschwisterbeziehungen, ihren Ehen, Affären und politischen Überzeugungen nach, während sie der Selbstverwirklichung (und Selbstachtung) ein Stück näherkommen.

Seit den Vorbereitungen zu dem Seminar über schwarze Schriftstellerinnen, das ich erst am Wellesley College und dann an der University of Massachusetts abhielt, weiß ich, wie notwendig wirklich kritische und biographische Arbeiten über diese Schriftstellerinnen wären. Als Auftakt arbeite ich an einem langen persönlichen Essay darüber, wie ich diese Schriftstellerinnen für mich entdeckt habe (in erster Linie für Vorträge gedacht), und ich hoffe, bald Zora Neale Hurstons Geburtsort und Heimatstadt Eatonville, Florida, besuchen zu können. Meine schriftstellerische Arbeit nimmt mich so sehr in Anspruch, daß ich selbst wohl nicht die Zeit finden werde für eine so intensive wissenschaftliche Auseinandersetzung, wie sie bei diesen Schriftstellerinnen nötig ist. Ich habe jedoch die Hoffnung, daß sich jetzt, wo ihre Bücher wieder aufgelegt und landesweit im Unterricht gelesen werden, jemand für diese Arbeit findet. Wenn nicht (oder wenn die Arbeit nicht zu meiner Zufriedenheit ausfällt), dann halte ich es für meine Pflicht, es (aus lauter Liebe) selbst zu tun.

In meinem zweiten Jahr auf dem College habe ich alle russischen Schriftsteller verschlungen, die ich nur finden konnte. Ich habe sie verschlungen wie köstliches Gebäck. Ich konnte nicht genug kriegen: Tolstoj, vor allem seine Erzählungen und die Romane »Die Kreutzersonate« und »Auferstehung« (die mir zeigten, wie wichtig es ist, durch Politik und gesellschaftliche Prognosen hindurch zum geistigen Kern des Individuums vorzudringen, weil sonst die Gestalten ohne Leben bleiben, ganz gleich, welche politische oder andere Idee der Zeit sie vertreten) und Dostojewski, der seine Wahrheiten fand, wo alle anderen nicht zu suchen wagten, und Turgenjew, Gorki und Gogol, der mich glauben machte, daß in Rußland etwas in der Luft liegt, das Schriftsteller vom ersten Lebenstag an einsaugen. Nur daß ich so gut wie gar nichts von russischen Schriftstellerinnen finden konnte, gab mir, viele Jahre später, zu denken.

Lyrik muß etwas Rätselhaftes, Mehrdeutiges und einen gewissen Doppelsinn haben (ohne den es nichts Rätselhaftes gibt), sonst interessiert sie mich nicht. Von Basho, Shiki und anderen japanischen Haiku-Dichtern abgesehen, habe ich mit großem Interesse den chinesischen Dichter Li Po gelesen, Emily Dickinson, E. E. Cummings (der mich tief beeindruckt hat) und Robert Graves, besonders die Gedichte aus »Man Does, Woman Is« – der Titel ist zwar chauvinistisch, aber das spielte damals keine Rolle für mich. Graves gefiel mir, weil er es als gegeben ansah, daß die Leidenschaft der Liebe zwischen Mann und Frau nicht unbedingt ewig währt. Er genoß den Augenblick und machte sich keine Gedanken über die Zukunft. Mein Gedicht »The Man in the Yellow Tree« ist stark von Graves beeinflußt.

Ovid und Catull liebte ich auch. Als ich das Haiku entdeckte, die sinnlichen Gedichte von Ovid, die Lyrik von E.E. Cummings und William Carlos Williams, ging ich die ganze Zeit wie auf Wolken. Ich aß, schlief, beschäftigte mich mit anderen Gebieten (z. B. europäischer Geschichte) und nahm sie ernst, aber mehr auch nicht. Nichts davon konnte mich, wie die Poesie, von einem Augenblick zum anderen verändern.

Gerne hätte ich die Gedichte von Gwendolyn Brooks schon gekannt, als ich aufs College ging. Sie sind mir erst später in die Hände gefallen. Wenn je jemand zum Dichter *geboren* war, dann meiner Meinung nach Gwendolyn Brooks. Was bei ihrer natürlichen Art des Betrachtens, des Kommentierens herauskommt, ist eine Vision in einer ganz ihr eigenen Sprache. An der Art, wie einem beim Lesen die ganze eigene spirituelle Vergangenheit in die Kehle steigt, wird klar, daß sie eine Dichterin ist, genau wie schon die erste Zeile von »Cane« Jean Toomer als Dichter ausweist, und als mit einer Seele gesegnet, die nichts erstaunen kann. Es ist nicht ungewöhnlich, daß man weint, wenn man Gwendolyn Brooks liest, wie es bei Toomers »Song of the Sun« nicht ungewöhnlich ist, daß man – blitzartig – begreift, was ein Dutzend Bücher über die Geschichte der Schwarzen nicht erhellen können. Meine Studenten waren bisweilen ganz durcheinander, wenn ich in Tränen aufgelöst dastand, weil Toomers Gedicht über »ein Genie aus dem Süden« durch meinen Körper flog wie ein Schwarm goldener Schmetterlinge auf dem Weg zur zerstörerischen Sonne. Toomer wie auch DuBois hatten die Fähigkeit, die schwarze Seele zu erfassen. Das ist nicht »Soul« – das kann tatsächlich zum Klischee werden –, sondern etwas, das leichter zu erhellen als zu erklären ist.

Auch die Lyrik von Arna Bontemps übt eine seltsame Wirkung auf mich aus. Er ist ein großer Dichter, auch wenn das erst nach seinem Tode erkannt wird, oder wenn er überhaupt nie Anerkennung findet. Als ich sein Gedicht »A Black Man Talks of Reaping« zum ersten Mal las, ließ die Kraft der Leidenschaft und des Mitleids den Raum erbeben, in dem ich saß. Die Decke begann sich zu drehen, und aus dem fernen Alabama wehte eine frische Brise durch den Raum. Eine Woge spirituellen Wohlergehens brachte meine Zehenspitzen zum Prikkeln. Ich veränderte mich. Wurde jemand, der genauso ist, und doch anders. Ich begriff endlich, was die Übertragung von Energie ist.

Man kann unmöglich alles aufzählen, was das eigene Werk beeinflußt hat. Kann man sich denn einen bestimmten Gesichtsausdruck der Mutter ins Gedächtnis zurückrufen, auch wenn er einen bleibenden Eindruck hinterlassen hat? Aber ganz spontan möchte ich folgendes nennen:

Musik – die Kunst, die ich am meisten beneide.

Dann kommt das Reisen, durch das ich die Welt in ihrer ganzen Weite und Vielfalt lieben lernte. Es hat mich sehr bewegt, daß es keinen Mittelpunkt des Universums gibt. Entebbe in Uganda oder Bratislava in der Tschechoslowakei bleiben bestehen, ganz gleich, was hier passiert. Schriftsteller wie Camara Laye oder Gabriel García Márquez, der Autor von »Hundert Jahre

Einsamkeit«, haben das in ihren Werken glänzend dargestellt. Was mich auf afrikanische Schriftsteller bringt, von denen ich *hoffe*, beeinflußt zu sein: Okot p'Bitek hat mein Lieblingsgedicht aus der neueren Literatur geschrieben, »Song of Lawino«. »The Concubine« von Elechi Ahmadi (ich halte das für eine perfekte Geschichte), »The Radiance of the King« von Camara Laye und »Maru« von Bessie Head haben mich hingerissen. Diese Schriftsteller haben anscheinend keine Scheu vor dem Phantastischen, Mythischen und Mysteriösen. Man gewinnt ein tieferes Verständnis vom Leben durch ihr Werk, weil es über das Reale hinausgeht. Wie Musiker sind sie eins mit ihrer Kultur und ihrem historischen Unterbewußten.

Auch Flannery O'Connor hat mein Werk beeinflußt. Von allen weißen Schriftstellern der Südstaaten, Faulkner eingeschlossen, ist sie für mich die beste. Erstens setzte sie ihre künstlerischen Mittel sparsam ein. Dann wußte sie, daß die Rassenfrage im Grunde nur die erste auf einer langen Liste ist. Das mag kaum jemand akzeptieren: Wir suchen schon so lange nach einer Antwort auf diese Frage.

Ich habe »Cane« erst 1967 gelesen, aber es klingt in erstaunlichem Maße noch immer in mir nach. *Ich liebe es leidenschaftlich* und wüßte nicht, wie ich ohne dieses Buch leben sollte. »Cane« und »Their Eyes Were Watching God« sind meine Lieblingsbücher von amerikanischen Schwarzen. Jean Toomer verfügt über eine sehr weibliche Sensibilität (oder anders ausgedrückt, er ist sowohl weiblich als auch männlich in seiner Wahrnehmung), was ihn von den meisten männlichen schwarzen Schriftstellern unterscheidet. Er liebte die Frauen.

Wie Toomer hat sich Zora Neale Hurston nie gescheut, ihre Figuren so zu lassen, wie sie sind, mit ihrer komischen Sprache und allem Drum und Dran. Egal was Schwarze machten, es brachte Zora nicht aus der Fassung, und dadurch konnte sie frei und flüssig über alles schreiben. Ich habe das Gefühl, Zora Neale Hurston gehört zu den am meisten mißverstandenen und unterschätzten Schriftstellern dieses Jahrhunderts. Und das ist schade. Sie ist großartig. Eine Schriftstellerin mit Courage und einem unglaublichen Humor, und jede Zeile ist voller Poesie.

Bei meinem Seminar über schwarze Schriftstellerinnen in Wellesley (ich glaube, es war das erste überhaupt) fürchtete ich am Anfang, Zoras Verwendung des Black English der zwanziger Jahre könnte manche Studenten abschrecken. Weit gefehlt. Sie fanden es wunderbar. Sie sagten, es wäre wie Thomas Hardy, nur besser. Auch Nella Larsen, Frances Watkins Harper (Lyrik und Prosa), Dorothy West, Ann Petry, Paule Marshall und andere standen in diesem Seminar auf dem Programm. Desgleich Kate Chopin und Virginia Woolf – nicht als Schwarze natürlich, sondern als Frauen, die genau wie die schwarzen Frauen die Lage der Menschheit aus der Perspektive einer Frau darstellten. Es ist interessant, Virginia Woolfs »A Room of One's Own«* gleichzeitig mit der Lyrik von Phillis Wheatley zu lesen, oder Nella Larsens »Quicksand« zusammen mit »The Awakening«** von Kate Chopin. Es kann leicht passieren, daß die kehlige Stimme von Sojourner Truth durchs Zimmer

* Deutsch »Ein Zimmer für sich allein«
** Deutsch »Das Erwachen«

schwebt, während man das liest. Wer da noch nicht Feministin ist, wird es jetzt.

Die schwarze Schriftstellerin wird aus zwei Gründen nicht so ernst genommen wie der schwarze Schriftsteller. Einmal, weil sie eine Frau ist. Werke von schwarzen Frauen intelligent zu besprechen und zu analysieren, fällt Kritikern offenbar außerordentlich schwer. In der Regel versuchen sie es gar nicht erst; sie schreiben lieber über das Leben einer schwarzen Schriftstellerin als über ihr Werk. Nun sind schwarze Schriftstellerinnen, wie es scheint, keine sehr sympathischen Geschöpfe – sie waren bis vor kurzem am wenigsten bereit, die Überlegenheit des Mannes anzubeten –, und so tendieren die Kommentare zum Grausamen.

Nathan Huggins geht in seinem sehr lesenswerten Buch »Harlem Renaissance« kaum auf das Werk von Zora Neale Hurston ein, und wenn, dann negativ. Er zitiert ausgiebig aus Wallace Thurmans Roman »Infants of the Spring« und läßt auch »Sweetie Mae Carr« zu Wort kommen, eine Figur, die angeblich nach der Person von Zora Neale Hurston gestaltet wurde. Sweetie Mae ist eine Schriftstellerin, die eher für ihren »derben Witz und ihre quirlige Persönlichkeit als für eigentlich literarisches Schaffen (berühmt war). Bei Weißen mit einem Faible für Neger-Wunderkinder war sie überaus beliebt.« So geht das bei Huggins ein paar Seiten lang, wobei Zora Neale Hurston selbst nie, dafür aber die Meinung anderer Leute über ihre Persönlichkeit zitiert wird. Er erwähnt zwar ihren »meisterhaften Einsatz des Dialekts«, fügt aber hinzu, »die Nachlässigkeit oder Gleichgültigkeit gegenüber ihrer Kunst war ihre größte Schwäche.«

Da ich Zora Neale Hurston im Unterricht behandelt und sie natürlich auch selbst gelesen habe, frappiert mich das. Mir persönlich ist es egal, wenn Zora Hurston ihre weißen Freundinnen gern hatte. Als Kind mußte sie in Florida für einen Hungerlohn arbeiten und konnte mit Hilfe von zwei weißen Frauen entkommen. Vielleicht ist das eine Erklärung, vielleicht auch nicht. Na und? Ihr Werk zeugt beileibe nicht von Nachlässigkeit, sondern von einer fast schon (besonders in »Their Eyes Were Watching God«) übermäßigen Perfektion. Sie hat sich die Mühe gemacht, die Schönheit der ländlichen Ausdrucksweise einzufangen. Sie sah Poesie, wo andere Schriftsteller nichts als mangelnde Beherrschung der englischen Sprache erblickten. Sie fühlte sich so wohl in ihrer schwarzen Haut, daß sie gar nicht auf die Idee kam, sich unter Schwarzen anders zu verhalten als unter Weißen (offenbar im Gegensatz zu ihren schwarzen Kritikern, die mehr »Lebensart« hatten).

Mir scheint, die schwarze Literatur hat Schaden genommen, weil selbst schwarze Kritiker meinen, daß ein Buch über die Beziehungen innerhalb einer schwarzen Familie – oder zwischen Mann und Frau – nicht so wichtig ist wie ein Buch, in dem die Hauptgegenspieler Weiße sind. Das hat dazu geführt, daß wir in vielen Büchern unserer »großen« Schriftsteller (durchweg männlichen Geschlechts) wenig über die Kultur, Geschichte oder auch die Zukunft, Vorstellungswelt, die Phantasien usw. von Schwarzen erfahren, dafür aber viel über vereinzelte (und oft unwahrscheinliche) oder begrenzte Auseinandersetzungen mit einer nicht näher bezeichneten weißen Welt. Wo ist zum Beispiel das Buch eines amerikanischen Schwarzen (abgesehen von »Cane«), das

Elechi Ahmadis »The Concubine« entsprechen würde? Ein Buch, das das *Unterbewußte* eines Volkes darstellt, denn wir wissen doch, daß Einbildungen, Rituale und Legenden Bedeutung haben, daß sie die gespeicherte kollektive Wirklichkeit der Menschen enthalten. Oder »The Radiance of the King«, das den Weißen als Außenseiter darstellt, was ja auch stimmt, da ihn die Kultur, in die er in Afrika eindringt, von selbst ausschließt. Ohne böse Absicht, sondern so, wie die Natur einen Fremdkörper abstößt. Der Weiße ist geheimnisvoll, er darf als Machtfaktor nicht unberücksichtigt bleiben, aber die Afrikaner verherrlichen ihn nicht so, daß sie sich selbst und ihrer eigenen Vorstellungswelt und Kultur keine Beachtung mehr schenken würden. Und eben das geschieht bei »Protestliteratur« häufig. Oberflächliches wird – zeitweise – zur tiefgründigsten Realität und verdrängt die stillen Wasser des kollektiven Unbewußten.

Nach der Veröffentlichung meines eigenen Romans gab eine führende schwarze Monatsschrift (d. h. der Herausgeber) zu, das Buch selbst nie gelesen zu haben; er berichtete aber, ein *weißer* Kritiker hätte das Buch gelobt (das war schon Hinweis genug, daß das Buch nichts taugt – seiner Logik zufolge), um dann anzudeuten, das Buch hätte dem Kritiker gefallen, weil ihm meine Lebensweise gefiel. Meinen Beschwerdebrief beantwortete der Herausgeber mit einer Kurzpredigt darüber, wie wichtig mein »Image« ist und wie man sich anderen »günstig präsentiert«. Ich brauche wohl nicht zu sagen, daß es meine geringste Sorge ist, wie ich mich anderen »präsentiere«; ich nehme an, die »anderen« sind intelligent genug, sich von jeglichem durch meine Gegenwart oder meine Lebensentscheidungen bedingten Schock zu erholen.

Eine Schriftstellerin hat sich durch die Mißbilligung eines Mannes einschüchtern zu lassen. Was sie schreibt, ist nicht wichtig genug, um gelesen zu werden. In ihrer Lebensweise, ihrem »Image«, aber ist sie der Rasse verpflichtet. Man braucht nur nachzulesen, warum Zora Neale Hurston das Schreiben aufgegeben hat. Man braucht nur zu sehen, was für ein »Image« die Negerpresse ihr, der Naiven, verpaßt hat. Ich lese keine Artikel oder Rezensionen mehr, die sich nicht ausschließlich mit dem Werk befassen. Ich hoffe, daß eines Tages eine Generation von Männern und Frauen heranwächst, die mir vergeben, was ich – in ihren, nicht in meinen Augen – Böses tue, und die meine Bücher lesen, weil sie ein ehrlicher Ausdruck meiner Gefühle, Wahrnehmungen und Vorstellungen sind, und weil sie ihnen etwas über sich selbst verraten. Sie haben auch die Freiheit, diese Bücher – und mich – in hohem Bogen aus dem Fenster zu werfen. Sie können tun und lassen, was sie wollen ...

Wenn ich mir mal die Zeit nehme und darüber nachdenke, was ich da eigentlich tue, wenn ich schreibe, worauf es hinauslaufen soll usw., fällt mir fast nie etwas dazu ein. Das liegt daran, daß mir meine Lyrik ganz anders zu sein scheint als die Romane (»The Third Life of Grange Copeland« und der, an dem ich gerade arbeite); so halte ich zum Beispiel »Once« für ein fröhliches Buch, durchdrungen von der Geisteshaltung eines Optimisten, der die Welt liebt und alles, was darin an Zuwendung zu spüren ist; daß es mit Traurigkeit begann, spielt dabei keine Rolle; »The Third Life of Grange Copeland« ist, obwohl stellenweise voller Humor und Lebensfreude, ein ernstes Buch, in dem die Personen die Welt beinahe ausschließlich als Bedrohung wahrnehmen. Daß das

Buch optimistisch endet, unterscheidet es von den meisten meiner Kurzgeschichten, und meine Essays sind durch ihren politischen und persönlichen Gehalt wiederum anders als alles andere. Von daher würde ich mein Werk nicht, wie es einige Kritiker getan haben, als »gothic«* klassifizieren. Ich würde es überhaupt nicht klassifizieren. Eudora Welty hat sich mit der Begründung gegen das Etikett »gothic« gewehrt, daß »gothic« für sie etwas Übernatürliches heraufbeschwört, während sie der Meinung ist, was sie schreibt, hat »etwas mit dem wahren Leben zu tun«. Das meine ich auch.

Meine Kurzgeschichten gefallen mir dann, wenn darin die plastische, formende, fast schon malerische Qualität von Worten sichtbar wird. In den Geschichten »Roselily« und »The Child Who Favored Daughter«** wird Prosa zu Lyrik, oder vielmehr, Prosa und Lyrik laufen ineinander und lassen eine neue Dimension der Sprache entstehen. Darüber, wo ich eigentlich hinwill, kann ich nicht mehr sagen als: ich würde gern den Punkt erreichen, wo die schwarze Musik bereits ist, dieses unbefangene Gefühl kollektiver Einheit, diese Natürlichkeit, diese (auch im Schmerz noch spürbare) Anmut.

Ein Schriftsteller muß – wie ein Musiker oder Maler – bei seinen Erkundungen frei sein, sonst kann sie oder er nie etwas herausfinden, das für uns (für uns alle) wichtig ist. Das führt sehr oft dazu, daß man plötzlich für viele Leute »unakzeptabel« wird, die glauben, ein Schriftsteller habe nicht zu erkunden oder in Frage zu stellen,

---

* Eine Anspielung auf die »gothic novel«, den Schauerroman, der in der englischen Literatur des 18. und beginnenden 19. Jahrhunderts eine wichtige Rolle spielte.
** Deutsch »Das Kind, das wie Daughter war«, in: *Roselily*, a.a.O.

sondern der Masse zu folgen, egal wohin. Nun verhilft Einsamkeit aber bisweilen zu einer radikalen Sicht der Gesellschaft oder des eigenen Volkes, die zuvor nicht in Betracht gezogen wurde. Toomer war, wie ich glaube, ein einsamer, ruheloser Mann, der es gewöhnt war, nur geduldet und mißverstanden zu werden, ein Mann, dessen Entscheidungen viele mit Entsetzen erfüllten, und doch macht »Cane« alles reichlich wieder wett – auch wenn Toomer selbst das wohl nie so empfunden hat.

Bei Zora Neale Hurston ist es ebenso. In ihrer anthropologischen Arbeit und den Romanen ist sie vermutlich aufrichtiger als in ihrer Autobiographie, weil sie zögerte, ihr Anderssein voll zu erkennen zu geben. Es ist interessant, sich die Folgen und die Auswirkungen auf schwarze Frauen – seit 1937 – auszumalen, hätten sie »Their Eyes Were Watching God« gelesen und beherzigt. Würden sie dann auch so an materiellen Dingen – schönen Autos, Pelzmänteln, großen Häusern, Töpfen und Tiegeln mit Gesichtscreme – hängen, wie das jetzt der Fall ist? Oder hätten sie von Janie gelernt, daß der Materialismus die Seele an die Leine legt, und wären eine Nation von Frauen geworden, die (soweit das in einer unverhohlen konsumorientierten Gesellschaft wie der unseren möglich ist) gegen die Akkumulation von Gegenständen immun ist und zutiefst von dem Bewußtsein durchdrungen, daß Liebe, Erfüllung als Frau und Seelenfrieden logischerweise höher und nicht niedriger bewertet werden sollten, als daß man seine Seele verkauft, um auf einem goldenen Thron zu sitzen. Zu sitzen und sich zu langweilen.

Zora Neale Hurstons Buch mag auf den ersten Blick unpolitisch erscheinen, tatsächlich aber ist es einer der radikalsten Romane (ohne aber zum Traktat zu werden), die wir haben. Ich beschäftige mich zwar, innerlich, ständig mit religiösen Fragestellungen – und habe wohl mein Leben lang gegen die Kirche und anderer Leute Vorstellungen von Religion angekämpft –, aber in Wahrheit glaube ich nicht, daß es einen Gott gibt, obwohl ich es gern glauben würde. Ganz bestimmt glaube ich an keinen Gott außerhalb der Natur. Die Welt ist Gott. Der Mensch ist Gott. Ein Blatt oder eine Schlange auch ... Wenn Grange Copeland sich also am Ende des Buches weigert zu beten, so weigert er sich, ein Heuchler zu sein. Sein Leben lang hat er die Kirche gehaßt und sie bei jeder Gelegenheit lächerlich gemacht. Seiner Enkelin Ruth hat er die gleiche heitere Verachtung beigebracht. Doch die Menschlichkeit der Menschheit akzeptiert er als einen Gott, der Huldigung verdient. Der größte Wert, den ein Mensch erringen kann, ist für ihn vollkommene Menschlichkeit, was bedeutet, mit allen Dingen eins zu sein und bereit zu sterben (oder zu leben), damit das Beste, was bisher zustande gebracht wurde, in jemand anderem weiterleben kann. Er »wiegte sich in den eigenen Armen in einen endgültigen Schlaf«, denn er verstand, daß der Mensch – im Leben wie im Sterben – allein ist und keinen Gott hat außer sich selbst (und der Welt).

Wie viele Menschen werde ich von Zeit zu Zeit schwankend in meinem Glauben an Gott. In den Gedichten bin ich anscheinend dafür, in der Prosa dagegen.

Die Religion der Black Muslims fasziniert mich. Vor allem, was es für eine schwarze Frau bedeutet, zu diesem Glauben überzutreten, und wie sich diese Religion in die schwarzamerikanische Vergangenheit einordnen läßt:

unsere Geschichte, unsere »Rassenerfahrungen«, unsere Übernahme des Christentums, unsere *Veränderung* des Christentums entsprechend unseren Bedürfnissen. Was bedeuten die neuen Rituale? Wie wirkt sich diese neue Religion auf das kollektive Bewußtsein der Übergetretenen aus? Können Frauen in einer solchen Religion frei sein? Ist solch eine Religion tatsächlich ein Anachronismus? Mein Interesse an diesen Fragen hat sich bisher in zwei Erzählungen niedergeschlagen – »Roselily«, wo es um eine junge Frau geht, die einen jungen Muslim heiratet, weil er ihr Respekt und Sicherheit bieten kann, und »Everyday Use«*, eine Erzählung, die vor der »Militanz« und den fortschrittlichen Landwirtschaftsprogrammen der Muslims Respekt zeigt, aber gleichzeitig auch Skepsis gegenüber einem jungen Mann, der als Anhänger der Muslims auftritt, weil er ihre Rhetorik bewundert. Dadurch kann er seine Verachtung für die Weißen offen zeigen, was er für das einzige Anliegen der ganzen Vereinigung hält.

In anderen Erzählungen geht es mir darum, wie sich das Christentum als Werkzeug des Imperialismus gegen Afrika richtet (»The Diary of an African Nun«**) und wie Voodoo im Kampf gegen Unterdrückung als Waffe eingesetzt werden kann (»The Revenge of Hannah Kemhuff«***). Für mich sind das alles religiöse Fragen.

Als ich mich hinsetzte, um das Gedicht »Revolutionary Petunias« zu schreiben, hatte es noch keinen Namen. Ich

---

* Deutsch »Für jeden Tag«, in: *Roselily*, a.a.O.
** Deutsch »Das Tagebuch einer afrikanischen Nonne«, in: *Roselily*, a.a.O.
*** Deutsch »Die Rache der Hannah Kemhuff«, in: *Roselily*, a.a.O.

wollte eine Figur schaffen, die den entscheidenden Kampf gegen ihre Unterdrücker führt und gewinnt, die aber in jeder anderen Hinsicht »ungehörig« ist. Sammy Lou ist in dem Gedicht alles, was sie nicht sein sollte: zum Beispiel heißt sie Sammy Lou, sie ist eine Farmersfrau, sie arbeitet auf dem Feld. Sie geht zur Kirche. An den Wänden ihres Hauses zeugt nichts davon, daß sie schwarz ist – obwohl das eigentlich schon Hinweis genug ist: wer dieses leere Haus betritt, weiß sofort, daß Sammy Lou schwarz ist. Sie ist so unglaublich »ungehörig«, daß sie es nur lustig findet, als alle möglichen Dichter und Folk-Sänger eilends darangehen, ihre Heldentat in Liedern und Gedichten zu verewigen. Daß sie ihren Unterdrücker umgebracht hat, war für sie keine Heldentat. Töten war für sie – und ich stelle sie mir groß vor, schlank, schwarz, mit kurzem, schlecht entkraustem Haar und schiefen Zähnen – nie etwas Heldenhaftes. Sie hätte diesen weißen Kerl umgebracht und dann zum Himmel hochgeschaut, nicht um zu beten oder um Vergebung zu bitten, sondern um – wie zu einem alten Freund – zu sagen: »Herr, du kennst mein Herz. Ich wollt nie wen umbringen müssen. Aber ich konnt nich bis zum Schluß durchhalten, so wie Hiob. Ich hab schon mehr ertragen als ich konnte.«

Sammy Lou ist so »ungehörig«, daß sie ihren Kindern die Namen von amerikanischen Präsidenten und ihren Frauen gibt; eins nennt sie nach dem Gründer der Methodistischen Kirche.

Sie sieht darin keine Einschränkung ihres Schwarzseins; sie empfindet sich vielmehr als so schwarz, daß sie alles aufnehmen – und verändern – kann, weil schließlich jeder weiß, daß auch eine schwarzhäutige Jackie

Kennedy nur ihrer eigenen Großtante, Sadie Mae Johnson, ähnlich ist.

Aber das »Ungehörigste« an Sammy Lou ist, daß sie Blumen liebt. Selbst als sie zum elektrischen Stuhl geht, ermahnt sie ihre Kinder noch, den Blumen Wasser zu geben. Das ist von wesentlicher Bedeutung, habe ich doch von einem unserer Kulturpropheten gehört, wenn Schwarze von den Schönheiten der Natur reden, dann sind das gar keine Schwarzen, sondern Neger. Das soll eine Demütigung sein, und das ist es auch. Es beleidigt alle Schwarzen von Georgia, Alabama, Mississippi, Texas, Louisiana – eigentlich müßte jeder es als Beleidigung seiner Mutter auffassen. Sammy Lou ist natürlich so »ungehörig«, daß sie noch nicht einmal weiß, wie lächerlich es ist, wenn sie ihr unerträglich häßliches graues Haus mit blühenden Blumen umgeben will. Um nicht »ungehörig« zu sein, hätte sie gefälligst der Häßlichkeit freien Lauf lassen sollen. Und genau das tun »ungehörige« Leute wie Sammy Lou eben nicht.

Eigentlich ging es in dem Gedicht darum, mir den »ungehörigsten« schwarzen Menschen zu sichern (wie Toomer sich die Menschen gesichert hat, über die er in »Cane« schreibt und die alle denkbar »ungehörig« sind) und sie als mein Geschöpf zu ehren – auf einer Stufe, wenn nicht noch höher, mit den am meisten verehrten Heiligen der Schwarzen Revolution. Es ist wohl unser Schicksal, ungehörig zu sein (man braucht sich nur anzusehen, wo wir leben) und in dieser Ungehörigkeit nicht wankend zu werden.

Sammy Lou ist zwar eher eine Rebellin als eine Revolutionärin (schließlich braucht man für eine Revolution mehr als einen Menschen), aber ich habe das Gedicht trotzdem »Revolutionary Petunias« genannt. Wenn man Menschen ihrer Art historisch betrachtet, steht sie nämlich nicht allein da. Sie ist Teil einer noch andauernden Revolution. Jede Schwarze Revolution wird ihren individuellen Akt der Rebellion würdigen müssen, anstatt sie »ungehörig« zu nennen.

Außerdem habe ich das Gedicht »Revolutionary Petunias« genannt, weil ich Petunien mag und sie gern anpflanze; man braucht ihnen nur ein bißchen Erde zu geben, und schon blühen sie wie verrückt – und das ist, meine ich, bei Schwarzen ganz genau so. (Man schaue sich nur mal die Blues- und Jazzmusiker an, die blinden Sänger aus Orten wie Turnip, Mississippi, die Dichter und Schriftsteller und rundum blühenden Menschen, die man kennt; allem Anschein nach sind sie dadurch zur Blüte gekommen, daß sie sich von Luft statt Brot und schmutzigem Wasser statt Hoffnung nähren.) Dann hatte ich auch die Petunien im Sinn, die meine Mutter mir zur Geburt meiner Tochter geschenkt hat, und die Geschichte (fast schon eine Parabel), die sie mir dazu erzählt hat. Vor 37 Jahren waren meine Mutter und mein Vater mit ihrem Pferdewagen auf dem Heimweg – meine Mutter war damals mit einem meiner älteren Brüder schwanger – und kamen an einem verlassenen Haus vorbei. Da wuchs noch eine lavendelfarbene Petunie, die blühte im Hof so vor sich hin (um sich selbst Gesellschaft zu leisten vielleicht). Und meine Mutter rief: Halt! laß mich runter und den Petunienstrauch holen. Und mein Vater murrte, hielt aber an, und sie holte den Strauch, und sie fuhren heim, und sie setzte ihn in einen großen Baumstumpf im Hof. Er blühte und blühte und wurde niemals welk. Bei jedem Umzug (das war an die zwölf mal) nahm sie die Petunie mit – und nach 37 Jahren bekam ich etwas von eben diesem Petunienstrauch ab. Er war niemals abgestorben. Im Winter schlief er immer und sah aus wie tot, aber im Frühjahr war er dann wieder da, kräftiger als zuvor.

Was diese Geschichte für mich noch bedeutsamer macht: moderne Petunien leben nicht ewig. Sie sterben, wenn es Winter wird, und im nächsten Frühjahr muß man dann neue kaufen.

In gewisser Weise geht es in dem ganzen Buch darum, die Menschen zu feiern, die sich in keine ideologische oder rassische Form pressen lassen. Sie alle rufen: Halt! Ich will mir die Petunie holen!

Dafür müssen sie büßen. Sie müssen sich anhören, daß sie nicht dazugehören, daß sie nicht erwünscht sind, daß man ihre Kunst nicht braucht, daß kein »richtiger« Mensch lieben kann, was sie lieben. Sie reagieren darauf mit Widerstand, ohne viel zu sagen; nur mit dem sicheren Bewußtsein, daß sie an einem Punkt stehen, wo sie beim kleinsten Fehltritt verloren sind, und dann geht die begehrte Blume im Winter der Selbstverachtung ein. Sie messen sich weder an Schwarzen noch an Weißen; höchstens lernen sie, sich zu behaupten, wenn DuBois, Hurston, Hughes, Toomer, Attaway, Wright und andere dabei sind – und deren Geist tröstet sie, wenn sie nachts ins Kopfkissen weinen. Sie wissen sehr wohl, daß sie aus Visionen von einer Zukunft hervorgegangen sind, die alle Menschen – und Blumen – blühen läßt. Sie fordern, daß dieser Gedanke im blutigsten Kampf, in der blutigsten Revolution nicht in Vergessenheit gerät.

Als ich meinen Mann heiratete, gab es ein Gesetz, das besagte, daß ich das nicht darf. Als wir drei Jahre nach dem Lynchmord an Cheney, Schwerner und Goodman nach Mississippi zogen, war es ein strafbares Verbrechen, wenn ein schwarzer und ein weißer Mensch verschiedenen Geschlechts in einem Haus zusammen wohnten. Aber damals wie heute wußte ich: um überhaupt in Amerika leben zu können, mußte ich an jedem Ort in Amerika ohne Angst leben können, und zwar wie und mit wem ich wollte. Sonst hätte ich keinen Grund mehr zu bleiben. Wenn die Gesellschaft (ob schwarz oder weiß) sagt, dann mußt du isoliert leben, als Außenseiter – dann will ich ein Eremit sein. Freunde und Verwandte mögen mich verlassen, aber die Toten – Douglas, DuBois, Hansberry, Toomer und all die anderen – müssen mir zuhören, ob sie wollen oder nicht … Diese Gefühle sind in zwei Gedichte eingegangen, »Be Nobody's Darling« und »While Love Is Unfashionable«.

»For My Sister Molly Who in the Fifties« ist ein ziemlich reales Gedicht. Es handelt tatsächlich von einer meiner Schwestern, einem brillanten, eifrigen Mädchen, das sich zu einem dieser Wunderneger entwickelte – die Stipendien sammeln wie andere Leute Briefmarken und durch die ganze Welt reisen. Als sie geboren wurde, gab es in unserer Stadt noch nicht mal eine High School. Als sie uns in Georgia besuchen kam, war es – am Anfang – als wenn ihre ganzen Ferien lang Weihnachten wäre. Es machte ihr Spaß, Geschichten zu erzählen und vorzulesen; sie brachte mir afrikanische Lieder und Tänze bei; sie kochte phantasievolle Gerichte, die nach allem anderen als der üblichen einfachen Kost von kleinen Farmpächtern aussahen. Ich hatte sie so lieb, daß es ein schwe-

rer Schlag für mich war – von dem ich mich wahrscheinlich nie erholen werde – zu erfahren, daß sie sich
für uns schämte. Wir waren so arm, so staubig und son-
nenverbrannt. Wir konnten nicht richtig reden. Wir
wußten nicht, wie man sich anzieht und das Besteck
richtig handhabt. So entfernte sie sich von uns, und ich
konnte es nicht verstehen. Erst später habe ich eingese-
hen, daß es manchmal (vielleicht) einfach zu weh tut: das
eigene Heim und die eigene Familie – schäbig und allem
Anschein nach ohne jede Hoffnung – mit den Augen
von neuen Freunden und Fremden zu betrachten. Sie
hatte – um der eigenen geistigen Gesundheit willen –
den Abgrund zwischen uns und dem Rest der Welt zu
groß gefunden, um weiter zu versuchen, ihn zu über-
brücken. Sie wußte, wie schwach sie war.

Als ich dieses Gedicht anfing, war da eine große
Wut, oder eher Verletztheit. Ich dachte, ich könnte so
ein richtig boshaftes Gedicht schreiben. Aber schon in
der ersten Fassung klang es ganz anders, und das ist ja
eine der großartigen Eigenschaften der Lyrik: Das, was
man wirklich fühlt, im tiefsten Innern, kommt zutage.
Dann geht es darum, dieses Gefühl nicht zu verdrehen.
Von daher gibt es jetzt zu viele schmerzhafte Erinnerungen, als daß wir uns miteinander wohlfühlen könnten,
aber dennoch behalte ich (und ich hoffe, sie auch) über
die schlechten Erinnerungen hinaus das Bild einer
Schwester im Gedächtnis, die ich liebhatte, »Die durch
die Blumen ging und sie ins Haus mitbrachte, die duftete
wie Blumen und strahlte wie sie«.

Dieses Gedicht (von dem meine Schwester die erste
Fassung bekommen hat, die nur ihr allein gehört und die
so ist, wie ich möchte, daß sie das Gedicht auffaßt) ist

fünzigmal (mindestens) überarbeitet worden, und ich habe fünf Jahre lang immer mal wieder daran gearbeitet. So etwas hat es weder vorher noch nachher je gegeben. Darüber, wie es aufgebaut ist, kann ich nichts sagen, als daß die Zeilen und Worte beim Schreiben einen Platz auf dem Papier fanden, der dem entsprach, wie sie in meinem Kopf lebten.

Was die Gedichte von William Carlos Williams, Cummings und Basho in mir ausgelöst haben, hat mich wohl tatsächlich überzeugt, daß Lyrik mehr mit Musik zu tun hat – in meinem Fall mit Jazz-Improvisationen, wo alle den Ton blasen, den sie hören – als mit einer Kathedrale, bei der jeder Stein seinen eigenen, festgelegten Platz hat. Ob die Zeilen lang oder kurz sind, hängt davon ab, was das Gedicht selbst verlangt. Genau wie bei den Menschen gibt es dicke und dünne Gedichte. Ich persönlich mag die kurzen, dünnen lieber, die immer ein bißchen so sind, wie wenn man bei einem Tiger das Auge malt (wie Muriel Rukeyser es einmal erklärt hat). Man wartet, bis Energie und Vision gerade richtig sind, und dann schreibt man das Gedicht. Wenn man es schreiben will, bevor es reif ist, merkt man plötzlich, daß man immer mehr Streifen malt anstatt Augen. Wenn es zuviele Streifen werden, verschwindet der ganze Tiger. Dann malt man ein Photo (und genau das ist die schwache Stelle von »Burial«), anstatt eine neue Art des Sehens hervorzubringen.

Mißlungene Gedichte lassen einen nie in Ruhe. »Ballad of the Brown Girl« und »Johann« aus »Once« lassen mir keine Ruhe, und auch »Nothing Is Right« aus »Revolutionary Petunias« wird mir wohl keine Ruhe lassen. Die ersten beiden sind unaufrichtig, das letzte ist banal.

Das Gedicht »The Girl Who Died 2« entstand, nachdem ich von dem Selbstmord einer Studentin an meinem College erfahren hatte. Die »Brüder und Schwestern« des toten Mädchens erzählten mir mit ziemlich schuldbewußter Miene, man hätte ständig auf ihr herumgehackt, weil sie so »ungehörig« war; sie meinte, sie könnte ein schwarzer Hippie sein. Obendrein versuchte man sie als Verräterin hinzustellen, weil sie sich nicht nur für schwarze Männer interessieren wollte. Auf jeden Fall war sie hübsch. Einer ihrer wenigen schwarzen Freunde hat mir ein Photo von ihr gezeigt. Sie war ein kleines braunhäutiges Mädchen aus Texas, zum ersten Mal von zu Hause weg, das sich das Leben so einrichten wollte, daß sie damit leben konnte. Sie hatte schon vorher zwei- oder dreimal versucht, sich umzubringen, aber die Brüder und Schwestern fanden es wohl nicht »richtig«, ihr daraufhin Liebe und Aufmerksamkeit zu schenken, wo doch jeder weiß, daß es »ungehörig« ist, als schwarzer Mensch an Selbstmord auch nur zu denken. Und natürlich begehen Schwarze keinen Selbstmord. So etwas tun nur Farbige und Neger. (Siehe »The Old Warrior Terror«: Krieger sterben nämlich immer auf dem Schlachtfeld.) Als ich das Photo sah, habe ich gesagt, ich wäre gern da gewesen, damit sie mit jemandem hätte reden können. Ihr Gesicht gab den Ausschlag, als das College mich bat, in das Kuratorium einzutreten. Ich verstehe nicht viel von Kuratorien und habe sie immer etwas kurios gefunden; aber Probleme anhören kann ich ganz gut … Ich halte viel vom Zuhören – einem Menschen zuhören, dem Meer, dem Wind, den Bäumen, besonders aber jungen schwarzen Frauen, deren steiniger Weg immer noch der meine ist.

1973

Ein Brief an die Frauenzeitschrift Ms.

Mir wurde auf der Konferenz der *National Black Feminist Organization* klar, daß es schon viel zu lange her war, seit ich in einem Raum voll schwarzer Frauen gesessen und, ohne Angst, mir merkwürdig vorkommen zu müssen, über Sachen gesprochen hatte, die mir wichtig sind. Wir saßen zusammen und redeten und wußten, keiner würde denken oder sagen: »Eure Gedanken gefährden die Einheit der Schwarzen und sind eine Bedrohung für die schwarzen Männer.« Stattdessen gingen die Frauen alle davon aus, daß wir zusammengekommen waren, um die Einigkeit unter den schwarzen Frauen zu festigen, und daß Einigkeit unter den Frauen für niemanden eine Bedrohung ist, der vorhat, Frauen anständig zu behandeln. Also war die Luft rein und von ernsthaften Stimmen erfüllt, die endlich frei waren, zu Menschen zu sprechen, deren Ohren sich nicht automatisch verschließen würden. Und dann Shirley Chisholm sprechen zu hören: die gesamte Geschichte zu spüren, komprimiert auf ein paar Minuten, und zu singen: »Wir lieben Shirley!« – ein stürmischer Beweis unserer Anteilnahme, den wir Sojourner Truth oder Harriet Tubman oder Mary McLeod Bethune nicht geben konnten. Shirley Chisholm vor sich zu sehen, so klein, so makellos in Kleidung, Sprache und Logik, und so schwarz, und sich vorzustellen, daß sie für das Präsidentenamt kandidierte in diesem Land, das zu allen Zeiten versucht hat, sie zu zerstören. Es war, als könne man wahrhaftig unter der Haut von Shirley Chisholms Gesicht die Gesichter jener anderen Frauen durchschimmern sehen. Und später, auf der gleichen Generalversammlung, als ich eine unter und eins mit all diesen schwarzen Frauen war, gingen mir die Fragen durch den Kopf, die ich mir schon lange über uns gestellt hatte.

Seit vier oder fünf Jahren beobachte ich die Gesichter von jungen schwarzen Männern und Frauen, wenn sie aus den Kinos dieser Stadt kommen, Gesichter, die geradewegs aus den schwarzen Familien der Südstaaten stammen, und das bedeutet aus *rechtschaffenen, christlichen, strebsamen* Familien, in denen man Müttern und Vätern Respekt entgegenbringt. Ich beobachte sie, in deren Körper sich Unschuld mit der Entschlossenheit zu wachsen mischt, wie sie auf ein Bild von schwarzen Frauen und Männern reagieren, das sie nie zuvor gesehen haben. Sehe sie taumelnd, verstohlen oder protzig aus den Sweetback-Filmen* herauskommen ... die jungen Frauen mit verlorenem Blick, die jungen Männer mit unschuldiger Miene, hinter der sich Grausamkeit oder Abscheu zu zeigen beginnt. Und ich frage mich: Wer wird das endlich unterbinden, daß die Gestalt der schwarzen Frau so mit Dreck beworfen wird? Wer wird die Zärtlichkeit unterstützen, die sich in jungen schwar-

---

* Sweetback – im Black English Bezeichnung für einen Liebhaber vom Typ »süßer Junge« oder »Gigolo«

zen Männern entfalten will? Wer wird aufstehen und sagen: »Schwarze Frauen, jedenfalls, haben jetzt die Nase voll!« Und dort auf der Konferenz begann ich zu spüren: ja, es gibt schwarze Frauen, die das tun werden.

Und ich betrachtete wieder das Gesicht von Shirley Chisholm (das ich vorher nie gesehen hatte, außer im Fernsehen) und war froh, daß sie ihre politischen und sozialen Kämpfe dokumentiert hat, weil unsere großen Frauen so häufig in Armut und von Verleumdung niedergedrückt sterben und schnell vergessen werden. Und ich dachte, wie wenig haben wir unsere Vorfahren studiert, die weiblichen jedoch so gut wie gar nicht … und ich fragte mich: Wer wird die Frauen, die unser Image als schwarze Frauen rein und stark erhalten haben, vor Mißachtung und Verleumdung schützen? Und auf der Konferenz habe ich Frauen getroffen, die darauf brennen, diese Arbeit zu tun.

Und natürlich dachte ich auch an Frederick Douglass. Und wußte, daß *seine* Zeitung mit Freuden über unsere Konferenz berichtet hätte, weil wir schwarz sind und Frauen und frei sein wollen wie jeder andere Mensch. Er wußte, daß es nicht der Sklaven oder Sklavinnen Sache ist, dafür zu sorgen, daß ihr Aufstand angemessen oder »richtig« ist. Es ist ein natürlicher Trieb, daß Unterdrückte sich gegen Unterdrückung erheben. Punkt. Wenn Frauen ihre Rechte forderten, schreckte ihn das nicht, weder politisch noch gesellschaftlich, weil er wußte, daß ihre Rechte keine Einschränkung seiner Rechte bedeuten würden. Ich bin sicher, er hätte jemand von seiner Zeitung geschickt, um zu sehen, über was wir da sprachen – Abtreibung, Sterilisation, Recht auf Sozialhilfe, Frauen in der Schwarzen Bewegung, schwarze

Frauen in der Kunst usw. Ich glaube, er hätte genauso wenig verstanden wie ich, warum kein Vertreter einer schwarzen Zeitung oder Zeitschrift da war. Sind schwarze Frauen nicht eine schwarze Nachricht wert?

Dann, als ich wieder zu Hause war, schaute ich ein Bild von Frederick Douglass an, das bei mir an der Wand hängt. Und ich fragte mich: Wo ist dein Bild von Harriet Tubman, dem General? Wo ist deine Zeichnung von Sojourner Truth? Und ich dachte, wenn doch schwarze Frauen einmal anfingen, solche Fragen zu stellen, dann würden sie bald – alle miteinander – anfangen müssen, ihren Anspruch auf ihre Mütter und Großmütter geltend zu machen – und was wäre das für eine Bereicherung!

Wenn wir auf unsere Geschichte zurückblicken, wird deutlich, daß wir es unterlassen haben, das Andenken eben der Menschen zu bewahren, die uns die größte Hilfe sein könnten. Denn man kann sagen, was man will – es sind die Worte der schwarzen Frau, die uns, ihren Töchtern, am meisten bedeuten, denn sie hat genau wie wir das Leben nicht nur als Schwarze, sondern auch als Frau erfahren; und es war etwas *anderes*, ob man Frederick Douglass war oder Harriet Tubman – oder Sojourner Truth, die zwar »aussah wie ein Mann«, aber Kinder zur Welt brachte und zusehen mußte, wie sie in die Sklaverei verkauft wurden.

Ich dachte an die schwarzen Schriftstellerinnen und Dichterinnen, deren Bücher – auch heute noch – nicht zu haben sind, während andere Werke über uns alle – weniger wertvoll, dafür aber »einträglicher« – uns weiterhin mit ihren Halb-»Wahrheiten« beleidigen dürfen. Es scheint mir so einfach, daß wir die Namen unserer

Mütter kennen müssen, damit wir erkennen, wer wir wirklich sind. Und doch kennen wir diese Namen nicht. Oder wenn wir etwas kennen, dann nur ihre Namen und nicht ihr Leben.

Und ich dachte an den Berg von Arbeit, der vor den schwarzen Frauen liegt. Wir müssen arbeiten, als wären wir die letzte Generation, die das noch kann – denn es ist wahr, daß unsere Auffassung von der Bedeutung der Vergangenheit zweifellos mit uns untergehen wird, und künftige Generationen müssen dann im Dunkeln tappen, auf dem Boden, den wir hätten bearbeiten sollen.

Jemand hat einmal rhetorisch behauptet, wir wären die einzig »wahren Königinnen des Universums«. Ich möchte gar keine Königin sein, weil eine Königin andere unterdrückt, aber trotzdem kam mir der Gedanke, daß jede wahre Königin die Namen, Worte und Taten der anderen Königinnen ihres Geschlechts kennt und über ihre Geschichte sehr genau Bescheid weiß. Ich glaube, wir können mit dem Tragen einer Krone warten, bis wir uns zumindest ernsthaft an die Arbeit gemacht haben.

Ich dachte an Freundinnen, deren Ansichten nicht viel anders sind als meine, die aber aus Angst nicht zu der Konferenz gekommen sind. Angst vor der Kritik von anderen Schwarzen (die, wie ich annehme, Schweigen für ein Zeichen von Solidarität halten), und Angst davor, daß da auch Lesben sein könnten. Die Kritik wird zweifellos kommen, aber was kann man dagegen tun? Nichts, außer weiterarbeiten. Was die Lesben betrifft – eine schwarze Lesbe ist immer noch eine schwarze Frau. So einfach ist das. Ich jedenfalls habe nur andere schwarze Frauen getroffen, meine Schwestern, und jede einzelne von ihnen ist mir unsagbar viel wert.

Und wir haben geredet und diskutiert und für Shirley Chisholm gesungen und Eleanor Holmes Norton applaudiert und den Texten von Margaret Sloan zu folgen versucht und uns von den Anekdoten von Flo Kennedy begeistern lassen. Und viel gelacht und ein bißchen gestritten. *Und es war richtig schön.*

1974

Die Ketten zerreissen und das Leben unterstützen

Vier Geschichten

1. Als ich in Brooklyn lebte, bekam ich nachts um zwei einen Anruf von einer schwarzen Frau, die mich kurz zuvor eingeladen hatte, an ihrer Schule zu lesen. Ich hatte damals in ihrem Haus übernachtet, wo sie mit ihrer Geliebten, einer nicht-schwarzen Dritte-Welt-Frau, zusammen lebte, und es war ein schöner Abend gewesen.

In diesem Telefongespräch wurde mir einleitend eröffnet, sie und ihre Geliebte hätten sich getrennt, und ob ich eigentlich wüßte, daß ich schön bin und daß ich traurige Augen habe?

Sie hätte gehört, ich wollte nach San Francisco ziehen. Das wollte sie auch. Wollte, genaugenommen, mir »nachstellen«. Meine Türschwelle »belagern«.

Das würde ich ihr nicht raten, sagte ich.

Tja, wenn das so sei, sie habe meine Bücher gelesen und sie auch im Unterricht durchgenommen und sei zu dem Schluß gekommen, ich selbst sei gar nicht drin. Sie gab mir zu verstehen, das sei Betrug.

Und noch was, warum schreibst du so herablassend über Lesben?

Was?
Naja, ich meine, du gibst ein falsches Bild von schwarzen Frauen. Ich weiß mehr über schwarze Frauen, als du je erfahren wirst. Ich meine …
Ich pfeif drauf, was du meinst, sagte ich. Und legte auf.

2. Ich spreche in einem Seminar mit dreißig Studentinnen über feministische Ästhetik. Eine weiße Frau sagt: Ich würde sehr gern mit Schwarzen und Dritte-Welt-Frauen arbeiten, aber ich bin Separatistin.
Du bist was?
Na, Schwarze und Dritte-Welt-Frauen sind anscheinend immer mit irgendeinem Mann zusammen. Da ich Separatistin bin, heißt das, ich kann nicht mit ihnen arbeiten. Was soll ich deiner Meinung nach tun?
Ich persönlich werde Stevie Wonder und John Lennon nicht aufgeben, da kann sein, was will, antworte ich, aber du solltest genau das machen, was du willst, und das ist offenbar nicht, mit Schwarzen und Dritte-Welt-Frauen zu arbeiten.
Meine Tochter, die neben mir sitzt, schaut von ihrem Rosa-Guy-Roman auf. Mom, flüstert sie entsetzt, es ist nur noch eine andere Schwarze hier. Sie weiß, mein Motto ist: »Nie die einzige sein, es sei denn in deinen eigenen vier Wänden.«
Diese andere Schwarze, offensichtlich wütend über ihre isolierte Position in dem Seminar, ärgerlich, daß wir beide in einer solchen »separatistischen« Umgebung nur der Unterhaltung und Belustigung dienen können, greift mich scharf an, als wolle sie den Schmerz der eigenen Anwesenheit übertönen.

3. Eine lesbische Freundin, die zwei Versuche unternahm, mich von meinen eigenen lesbischen Neigungen zu überzeugen, ehe sie auf die von mir angebotene Freundschaft einging, erzählt mir, es gebe eine zunehmende Spaltung in den Reihen schwarzer Lesben.

Im Ernst?

Im Ernst. Zwischen denen, die sich mit schwarzen Frauen identifizieren, und denen, die sich mit weißen Frauen identifizieren.

Und wer bestimmt das?

Naja, es gibt da schwarze Frauen mit weißen Liebhaberinnen, und die bringen sie zu den Treffen mit, und das stört eben. Wir haben nur soundso viel Zeit und Geld, um unseren eigenen Kram auf die Reihe zu bringen, und das verschwenden wir am Ende darauf, über die zu diskutieren.

Ihre derzeitige, aber zu Ende gehende Liebe ist eine Weiße. Wir haben uns kennengelernt, als ich in einer gemischtrassigen Ehe lebte.

Wir seufzen.

Zwei Gedanken gehen mir durch den Kopf. Ein großspuriger zuerst: Schwarze Frauen sind berüchtigt dafür, daß sie lieben, wen sie wollen, und sogar manche, die sie nicht wollen. Und, weniger großspurig: Schwarze Frauen lieben die, von denen sie geliebt werden.

4. Ich mache Meditationsübungen in einem Institut in Oakland. Eine neue schwarze Bekannte, von der ich hoffe, daß sie eine Freundin wird, nimmt mich hinterher mit zu sich nach Hause.

Sie sagt: Hast du schon *Conditions: Five, The Black Women's Issue* gelesen?

Noch nicht, sage ich aufgeregt, wo ist es?

Ich habs da, sagt sie.

Toll, sage ich. Ich muß es mir unbedingt anschauen, bevor ich gehe.

Du wirst enttäuscht sein, sagt sie.

Warum, frage ich.

Es ist *fürchterlich* geschrieben.

Tatsächlich?

Und schlecht aufgebaut.

Oh, nein!

Und es geht nur um Lesben.

Hmmmmm. Na, vergiß nicht, es mir zu zeigen.

Sie vergißt es aber doch, und als ich eine Stunde später gehe, sagt sie immer noch: Du wirst enttäuscht sein.

*

Hätt ich meiner Schwester nicht geholfen
Würd ich jetzt selbst in Ketten gehn!
Niobeth Tsaba, *Song of a Sister's Freedom*

Zu dem Aufregendsten und Gesündesten, was sich in letzter Zeit in der schwarzen Gemeinschaft abspielt, gehört, daß schwarze Lesben sich zu ihrem Lesbischsein bekennen. Das zeigt sich in *Conditions: Five. The Black Women's Issue* (das auch Arbeiten von vielen Nicht-Lesben enthält) mit Kraft, Intelligenz und Stil. Der Band enthält Gedichte, Essays, Buchbesprechungen (über *Nappy Edges* von Ntozake Shangé, *Black Macho and the Myth of the Superwoman* von Michele Wallace und *The Black Unicorn* von Audre Lorde), Auszüge aus Tagebüchern und ein Stück aus einem noch unvollendeten Roman. Wenn man das liest, meint man zu sehen, wie Frauen mit bloßen Händen ihre Ketten zerreißen.

»Dieser Mist sollte nicht noch unterstützt werden«, erklärte ein schwarzer Student und Kritiker 1975 in einer Besprechung von Ann Allen Shockleys lesbischem Roman *Loving Her,* der in der inzwischen eingegangenen Zeitschrift *Black World* veröffentlicht wurde. Man ist verblüfft, von welch patriarchalischer Einschüchterungstaktik diese Bemerkung Gebrauch macht, und da der Kritiker vermutlich viel jünger ist als Shockley (die jahrelang als Bibliothekarin an der Fisk University gearbeitet hat), zeigt sich hier ein erstaunlicher Mangel an Achtung vor ihrem Leben. Schwarze Frauen haben doch wohl das Recht, zu schreiben, was ihnen gefällt; dieses Recht zu verunglimpfen, zeugt von einer so ungeheuren Abneigung gegen uns, daß sie sich offenbar selbst über die Zeugnisse der Geschichte hinwegsetzt. Zu sagen, daß eine schwarze Lesbe »Mist« schreibt, weil sie das Leben aus ihrer eigenen Sicht darstellt, ist genauso anmaßend, wie zu glauben, es würde keine Lesben mehr geben, wenn die Schwarzen aufhörten, sie zu »unterstützen«.

Shockley schreibt in *Conditions: Five* in ihrem hervorragenden Essay »The Black Lesbian in American Literature: An Overview«: »Bis vor kurzem gab es in der amerikanischen Literatur so gut wie gar nichts von oder über schwarze Lesben – diese Lücke ist ein Zeichen dafür, daß es die schwarze Lesbe in der Vorstellung wie in der Realität einfach nicht gab. Diese aus dem Rahmen fallende Schwarze Frau wurde, wie Ralph Ellisons *Invisible Man* *, gesehen und doch nicht gesehen, weil das Auge so etwas einfach nicht wahrnehmen wollte.«

Was »das Auge nicht wahrnehmen wollte« waren Frauen, die im ursprünglichen oder sexuellen Sinn Frauen lieben, und so entschieden sich, wie Shockley schreibt, selbst die schwarzen Schriftstellerinnen, die Romane, Erzählungen oder auch Besprechungen lesbischer Werke zumindest *hätten* schreiben können, lieber gar nichts zu schreiben oder sich denen anzuschließen, die auf verschiedene und oft subtile Art darin übereinstimmen, daß »so ein Mist nicht noch unterstützt werden sollte«. Shockley zeigt auf, wie negativ schwarze Lesben in den Werken verschiedener schwarzer Schriftstellerinnen von heute dargestellt werden, und wie diese Darstellung die ohnehin in der schwarzen Gemeinschaft herrschenden lesbenfeindlichen Klischees noch verstärkt.

»Ich bin überzeugt«, schreibt Shockley, »daß die schwarzen Schriftstellerinnen, die so gut und scharfsichtig hätten schreiben können, daß es bestimmt veröffentlicht worden wäre, lieber über schwarze Frauen in einem heterosexuellen Milieu schrieben. *Der Grund war die Angst, als Lesbe abgestempelt zu werden, auch wenn das in manchen Fällen gar nicht stimmte.*« (Hervorhebung von mir, A.W.)

Und deswegen, und ich halte Shockleys Überzeugung für weitgehend richtig, haben viele schwarze Schriftstellerinnen, die doch der Wahrheit und unseren

* Deutsch »Unsichtbar«, Herbstein-Schlechtenwegen 1984

Kindern verpflichtet sind (die ja *durchaus* lesbisch oder schwul sein können, wie wir selbst es sein oder werden können; wir sind geboren, aber noch nicht tot), klein beigegeben, haben durch ihr Schweigen oder die negative, klischeehafte Darstellung schwarzer Lesben gesagt: »So ein Mist sollte nicht noch unterstützt werden.«

Dennoch – wie Audre Lorde in dem von Gloria Hull in *Conditions: Five* eingangs zitierten Gedicht sagt:

Ob wir sprechen oder nicht,
Die Maschine wird uns in Stücke schlagen –
und wir werden auch Angst haben

Dein Schweigen
wird dich
nicht schützen

Die Einleitung von Barbara Smith und Lorraine Bethel macht diese Beobachtung so real, daß es einen fröstelt. Während sie in New Haven und Boston das Material für diesen Band zusammenstellten, wurden in den Dritte-Welt-Vierteln von Boston *zwischen dem 29. Januar und dem 28. März 1979 zwölf schwarze Frauen systematisch verfolgt und brutal ermordet.* »Wir arbeiteten, um eine Stätte des Ruhmes für das Leben schwarzer Frauen zu schaffen, und unsere Schwestern mußten sterben. Die Traurigkeit, Angst und Wut sowie die unvorhergesehene Notwendigkeit politischer Arbeit im Zusammenhang mit den Morden haben sich auf alle Bereiche unseres Lebens ausgewirkt, auch auf die Arbeit an *Conditions: Five.* Die Ermordung von schwarzen Frauen in unserer unmittelbaren Nachbarschaft machte außerdem sonnenklar, daß ... ein solches Werk notwendig ist, und ebenso eine feministische Bewegung schwarzer Frauen, die der gegen uns gerichteten Gewalt und der Zerstörung unseres Lebens auf jeder Ebene entgegentritt.«

Einer der bedeutendsten Beiträge in *Conditions: Five* ist ein Auszug aus dem Tagebuch von Beverly Smith, das für uns schon fast verloren war. Sie beschreibt darin, wie sie »maskiert als nettes, ›normales‹ Mädchen aus der schwarzen Mittelklasse« an der spießigen Oberen-Mittel-klasse-Hochzeit ihrer guten Freundin »J.« teilnimmt.

»Sie ist unwiderruflich verloren für mich und ich für sie. Sie heiratet, und weil ich eine Lesbe bin, bin ich für sie in Acht und Bann. Sie hat ihre Einstellung zur Homosexualität mehrfach deutlich gemacht (ich benutze die Begriffe ›homosexuell‹ und ›Homosexuali-tät‹ nicht mehr für Lesben).
Zwei Dinge noch, und dann höre ich auf. Gestern abend war ich im zweiten Stock, nachdem ich auf der Toilette war. (Ich muß viermal gegangen sein, ich wollte mich verstecken und bei Verstand bleiben.) Ich ging in ein Schlafzimmer, wo J. und einige von ihren Brautjungfern und Susan (die Frau von einem Freund von H.) saßen und redeten. J. sprach darüber, was noch alles zu erledigen war, und über ihre Gefühle in bezug auf die Hochzeit. Vor allem Angst, ob auch alles gut laufen würde. Aber an einer Stelle sagte sie dem Sinne nach, daß es ›ein merkwürdiges Gefühl ist. Wir waren unser Leben lang zusammen (sie und ihre drei Freundinnen), und ab morgen sind wir es nicht mehr.‹ Ihre Freundinnen versicherten, sie würden weiterhin zu ihrem Leben gehören. Ha!

Das weiß ich besser. Von jetzt an ist sie das Hab und Gut von H. Es schoß mir durch den Kopf, daß eine Hochzeit feiern so ähnlich ist, als würde man feiern, wenn man in die Sklaverei verkauft wird. Ja, ich verallgemeinere zu sehr (ich hab nur zu 90-95 % recht); aber in diesem Fall bin ich mir sicher.

Ein Beweis für das, was ich oben gesagt habe. Bei der Probe gestern war J. im vierten Stock und rief jemandem etwas zu. H. brüllte zu ihr herauf ›J., schrei nicht so!‹ J. erwiderte etwas und verteidigte sich, und H. schnitt ihr mit einem scharfen ›J!‹ das Wort ab, als würde er ein Kind zurechtweisen oder einen Hund. Mir wurde schlecht. Das ist der Kern des Ganzen. Er wird versuchen, sie zu seiner Sklavin zu machen, zu seinem Kind, mit einem Wort, zu seiner Frau.«

Die einzigen, zu denen sich Smith bei der Hochzeit hingezogen fühlt, sind die Bediensteten, die für die Gäste sorgen.

Ein paar Jahre zuvor hatte Smith gleich nach ihrer eigenen Hochzeit alle Tagebücher verbrannt, die sie geschrieben hatte, »teils weil ich das Gefühl hatte, ich könnte sie nirgends sicher vor meinem Mann aufbewahren, und teils weil es für mich zu den Pflichten dieser Ehe gehörte, zu vergessen, wer ich vorher war.« *Vier Jahre lang* ließ sie mit ihren Aufzeichnungen über J.s Hochzeit einen wesentlichen Teil der Erfahrungen schwarzer Frauen unveröffentlicht, bis die Unterstützung von anderen schwarzen Feministinnen und Lesben ihr erlaubte, sich damit auseinanderzusetzen.

Wenn ich Smiths bissige und oft schnippische Beschreibung der Hochzeit lese (»Hab ich schon erwähnt, daß das Ganze fürchterlich schlecht organisiert ist? Das reinste Chaos. Aber ich zweifle nicht daran, daß alles klappen wird. Leider.«), muß ich an eine andere Lesbe aus New England denken (die, soviel ich weiß, wohl in Ohnmacht gefallen wäre bei dem Wort), Angelina Weld Grimké (1880-1958), die es, wie Gloria Hull in ihrem bewegenden Essay »Under the Days: The Buried Life and Poetry of Angelina Weld Grimké« schreibt, traurigerweise nie fertiggebracht hat, sich öffentlich zu ihrer Liebe zu Frauen zu bekennen, häufig noch nicht einmal gegenüber den Frauen selbst. Und die – obwohl männliche Kritiker, die damals ebenso herablassend waren wie heute, sie für eine gute, aber »unbedeutende« Lyrikerin hielten – sehr wenig veröffentlichte; und was sie veröffentlichte, war verstümmelt von ihrem Bemühen, die Wahrheit zu kaschieren.

Die Frage ... ist: Was bedeutete es, Anfang des zwanzigsten Jahrhunderts in Amerika eine schwarze *Lesbe*/Lyrikerin zu sein? Zunächst einmal bedeutete es, daß man – isoliert – eine Menge schrieb (oder halb schrieb), das man nicht zeigte und von dem man wußte, daß es nicht veröffentlicht werden konnte. Es bedeutete, wenn man wirklich für die Öffentlichkeit schrieb, daß man in Fesseln schrieb – angekettet zwischen den wirklichen Erfahrungen, die man aussprechen wollte, und den Konventionen, die einen nicht sprechen ließen. Es bedeutete, daß man ein paar Gedichte über Rasse und Natur zusammenschusterte, Liedertexte aufzeichnete und doppelzüngige Verse schrieb, die – manchmal (das bringt der Rassismus so mit sich) – veröffentlicht wurden. Es bedeutete, daß man schließlich überhaupt aufhörte zu schreiben und, so ist zu vermuten, mit einer im Innern erstickten Begabung starb – und (in einigen seltenen Fällen) das Wenige, was vom wahren Ich geblieben war, in schwer faßbaren Bruchstücken hinterließ.

Und wozu?

Damit, fünfzig Jahre später, ein junger Schwarzer sagen kann, wobei seine Feindseligkeit den unschätzbaren Lebensäußerungen einer schwarzen Frau gegenüber bei einem Großteil der schwarzen Gemeinschaft Anklang findet: »Dieser Mist sollte nicht noch unterstützt werden.«

Grimké schrieb:

> Die Tage fallen auf mich;
> … …
> Sie decken mich zu
> Sie zermalmen
> Sie ersticken.
> Wer wird mich je finden
> Unter den Tagen?

Grimkés Leben war tatsächlich ein vergrabenes Leben. Sie wurde erstickt »von den Tagen«, die sie nicht ermutigten, und »hatte keinen Geist mehr, um ihn uns zu hinterlassen«. Im Gegensatz zu ihrer Zeitgenossin Alice Dunbar-Nelson, der Dichterin, Journalistin und Ehefrau von Paul Lawrence Dunbar, die Frauen wie Männer liebte und es fertigbrachte, ihr ganzes Ich in unveröffentlichten Werken auszudrücken und diese der Nachwelt zu hinterlassen, wurde Grimké besiegt. Niedergerungen. Zermalmt. »Sie ist uns eine Lehre«, sagt Hull, »die jeder Mensch so interpretieren kann, wie es seinen Ansichten und Fähigkeiten entspricht. Was Grimké für mich bedeutet, ist, daß wir so arbeiten, schreiben und leben müssen, daß sich ihr Schicksal nie mehr wiederholt.«

Shockley zitiert in ihrem Essay über das Fehlen schwarzer Lesben in der amerikanischen Literatur, was Muhammed Ali einer Journalistin der *Amsterdam News* antwortete, als sie ihn nach seiner Meinung zu ERA* und der Herstellung ökonomischer Chancengleichheit fragte. Ali sagte: »... einige Berufe sollten Frauen nicht offenstehen, weil sie mit manchen Jobs nicht fertigwerden, zum Beispiel auf dem Bau. Lesben vielleicht, aber Frauen nicht.«

Eine schwarze Frau, womöglich (nur mal angenommen) unsere Tochter, braucht Arbeit. Sie muß arbeiten. Will arbeiten. Will auf dem Bau arbeiten. Sie liest, was Ali gesagt hat und weiß, daß die ganze Gesellschaft das achtet und glaubt, was er sagt. Unsere Tochter ist innerlich zerrissen. Nimmt sie den Job, dann muß sie den Kopf einziehen vor dem Ansturm der Unwissenheit. Nimmt sie den Job nicht, muß sie hungern, von der Fürsorge leben oder wird leicht zugrunde gerichtet von einer Gesellschaft, der geistig gebrochene Schwarze sowieso lieber sind.

* Equal Rights Amendment – dieser Zusatz zur amerikanischen Verfassung sollte die Gleichberechtigung der Frau gewährleisten. Er wurde nicht von der erforderlichen Anzahl von Bundesstaaten angenommen und erlangte daher keine Gesetzeskraft.

Mit dieser einen Bemerkung untergräbt Ali den Glauben unserer Tochter an die Ungebrochenheit ihrer mütterlichen Vorfahren (waren unsere als Sklaven gehaltenen Urgroßmütter, denen die Arbeit auf einer modernen Baustelle vermutlich leicht vorgekommen wäre, etwa keine Frauen?), bedroht ihr heutiges Dasein und engt ihre Zukunft ein. Als hätte er ihren Körper in Ketten gelegt, hat er ihren Geist in Ketten gelegt. Und durch unser Schweigen, durch die Angst, als lesbisch abgestempelt zu werden, tragen wir dazu bei, daß diese Kette bleibt. *Und das ist unentschuldbar.* Denn bei allem, was wir sonst nicht wissen und nicht zu vermuten wagen, wissen wir eins: Schwarze Lesben *sind* schwarze Frauen. Es steht in unserer Macht, zu sagen, daß die Tage vorbei sind, wo man schwarze Frauen ungestraft einschüchtern konnte.

Ich wurde einmal kritisiert, weil ich geschrieben hatte, die Kritiker von Zora Neale Hurston hätten gesagt, daß sie bisexuell »gewesen sein muß«, sie hätte einen so unglaublichen Elan. »Das habe ich nirgendwo gedruckt gesehen«, sagte derjenige, der mich kritisierte. Ich erwiderte darauf, daß unsere mündliche Überlieferung, die so gut funktioniert wie eh und je, eine erfolgreiche schwarze Frau auf einer Party vernichten kann. Für schwarze Frauen *ist* bösartiger Klatsch (als »Neuigkeit« ausgegeben in den traurigen Fällen von Hurston und Nella Larsen) die Kritik, die unser Leben und unsere Arbeit – die, da wir ja Frauen sind, selten für sich betrachtet wird – zerstört.

In den sechziger Jahren schenkten schwarze Rezensenten meinen eigenen Werken oft keine Beachtung »wegen meiner Lebensweise« – ein Euphemismus für meine gemischtrassige Ehe. Auf Konferenzen über schwarze Literatur wurden sie, wenn überhaupt, im Lichte dieser »verräterischen« Verbindung flüchtig gestreift; dabei lebten die Kritiker häufig selbst in gemischtrassigen Ehen und hingen obendrein an jedem Wort von Richard Wright, Jean Toomer, Langston Hughes, James Baldwin, John A. Williams und LeRoi Jones (um nur ein paar zu nennen), die alle irgendwann einmal gemischtrassig liiert waren, sei es offiziell oder in einer zwangloseren Form. Es war ganz eindeutig nicht die gemischtrassige Verbindung an sich, was die Kritiker störte, sondern daß ich, eine schwarze Frau, es gewagt hatte, die gleichen Vorrechte für mich in Anspruch zu nehmen wie sie. Während es bei schwarzen Männern ganz in Ordnung ist, in intimen Beziehungen andere schwarze Männer, schwarze Frauen, weiße Frauen oder weiße Männer zu umarmen, muß die schwarze Frau – um *als schwarze Frau* akzeptiert zu werden – lieber allein bleiben, als das Risiko einzugehen, an »der falschen Wahl« Gefallen zu finden. Jetzt, da ich nicht mehr verheiratet bin, wird der Wert meiner Arbeit wegen meiner »Politik« infrage gestellt. Das bedeutet, glaube ich, das gleiche wie die erste Ablehnung: daß ich eine schwarze Frau bin. Irgendwas stimmt bei uns immer nicht. Für diejenigen, die das spüren, ist »Lesbischsein« einfach nur eine andere, vielleicht extremere Form von »irgendwas stimmt da nicht«. Schließlich ist es passé zu sagen, wir sind zu schwarz, oder zu laut, oder daß unser krauses Haar nicht zu einer Inneneinrichtung in Pastelltönen paßt. Und daß wir bürgerlich sind oder zu eng mit den Weißen zusammenarbeiten, ruft ein Stirnrunzeln hervor, wenn es von schwarzen Professoren in Harvard oder Yale gesagt wird. Der Vorwurf der »Emotionalität«, der uns heutzutage gelegentlich entgegengeschleudert wird, ersetzt nur den früheren Vorwurf, gefühllos, hartherzig und frigide Zicken zu sein.

Glücklicherweise haben wir eine Tradition des Kampfes. Ida B. Wells schrieb vor vielen Jahren, »eine Winchesterbüchse sollte in jedem schwarzen Haus einen Ehrenplatz haben«, was die ermordeten Frauen in Boston hätten wissen sollen. Aber wenn wir Schriftstellerinnen sind, haben wir jedenfalls unsere Schreibmaschinen, und wenn nicht, haben wir noch unseren Mund. Wie die schwarzen Männer und Frauen, die sich weigerten, der bevorzugte »Schoß«-Neger für Weiße zu sein und stattdessen sagten, sie seien gleichfalls »Nigger« (das grundlegende »Verbrechen« von »Niggern« und Lesben ist, daß sie eine Vorliebe für sich selbst haben), so sollten schwarze Schriftstellerinnen und Nicht-Schriftstellerinnen vielleicht immer, wenn schwarze Lesben heruntergeputzt, behindert, kaputt gemacht werden und ganz allgemein zu hören bekommen, ihr Leben sollte nicht unterstützt werden, einfach sagen: »Wir sind alle lesbisch.« Denn es ist sicher besser, für lesbisch gehalten zu werden und das eigene Leben genau so auszudrücken und zu beschreiben, wie man es erfährt, als eine Vorzeige-Schwarze, eine »Schoß«-Negerin zu sein für die Leute, die durch ihre Verachtung für unsere autonome Lebensweise eine Gefahr für das menschliche Leben darstellen.

Conditions: Five setzt den Kampf um Selbstbestimmung und Selbstbestätigung fort, der das Wesen des »Afro-Amerikanischen« in diesem Land ausmacht. Und weil schwarze Lesben nun einmal schwarze Frauen sind und in dieser Tradition stehen, wird die Kette nie als eine natürliche Bekleidung akzeptiert werden.

1980

Wenn die Gegenwart so aussieht wie die Vergangenheit, wie soll dann die Zukunft aussehen?

Liebe ...!

Nach unserem Gespräch über das, von dem wir gehofft hatten, es sei für immer »vom Winde verweht«, und das jetzt zurückgeweht kommt – der Ku Klux Klan, eine obszöne nationale »Führung«, »gutes Haar« –, war mir ein bißchen unwohl bei dem, was ich auf deine Frage über die Hautfarbe gesagt hatte. Wie du dich erinnern wirst, sprachen wir über die Feindseligkeit, mit der viele dunkel-schwarze Frauen hellhäutigen schwarzen Frauen begegnen, und du hast gesagt: »Naja, meine Haut ist hell. Dafür kann ich nichts. Und ich denke nicht daran, mich dafür zu entschuldigen.« Ich habe gesagt, niemand verlangt, daß man sich für seine Hautfarbe entschuldigt. Ich glaube, den dunkel-schwarzen Frauen wäre eher daran gelegen, daß helle schwarze Frauen sich stärker bewußt machen, wie sehr sie ihnen – oft ganz ohne Absicht – weh tun können; und daß das Problem des »Colorismus« – worunter ich die Bevorzugung oder Benachteiligung von Angehörigen der eigenen Rasse nur aufgrund ihrer Hautfarbe verstehe – bei uns in der Gemeinschaft und vor allem in der Gemeinschaft der schwarzen »Schwestern« angesprochen werden muß, sonst können wir, als Volk, keine Fortschritte machen. Denn Colorismus hemmt uns ebenso wie Kolonialismus, Sexismus und Rassismus.

Was mir zu denken gibt, ist meine Erklärung, ich selbst, die ich mit meinem eindeutigen Braun in der Mitte zwischen Hell und Dunkel stehe, müßte mich auf die Seite der dunkel-schwarzen Frauen stellen; wenn ich das nicht täte, würde ich sozusagen unserer schwarzen Mutter ins Gesicht spucken – der Urmutter, der Paradiesischen, der Göttin, Mutter Afrika. Denn jetzt erinnere ich mich, wie ich deine wirkliche Mutter kennengelernt habe, die weiß aussieht, wie deine Großmutter, von der du mir einmal ein Bild gezeigt hast und deren schöne alte Kleider du manchmal trägst. Dir muß der Gedanke, dich allein aufgrund der Hautfarbe mit dunkel-schwarzen Frauen zusammenzuschließen, lächerlich und coloristisch zugleich vorkommen, und das sehe ich inzwischen auch so.

Dennoch meine ich, der Unterschied zwischen dem Leben einer schwarzen Schwarzen und dem einer »tiefgelben«* Schwarzen ist wohl genau so groß wie der Unterschied zwischen dem Leben einer »tiefgelben« und dem einer weißen Frau. Und der Haß, dem die schwarze Schwarze in der schwarzen Gesellschaft ausgesetzt ist, macht mir ständig zu schaffen. Für mich ist die dunkelschwarze Frau unsere eigentliche Mutter – je schwärzer

* im Original *high yellow* – Bezeichnung für eine Schwarze heller Hautfarbe. Im schwarzen Sprachgebrauch schwingt bei dieser Bezeichnung mit, daß ein solcher Mensch leichter von den Weißen akzeptiert wird als einer mit dunklerer Hautfarbe.

sie ist, desto mehr von uns hat sie in sich. Wenn ich sehe, welcher Haß ihr entgegenschlägt, könnte ich allein deshalb schon an unserer Zukunft als Volk beinahe verzweifeln.

Ironischerweise verdanke ich meine Erkenntnisse über die Hautfarbe zum großen Teil der Tatsache, daß ich ein gemischtrassiges Kind habe. Weil sie hellere Haut und glattere Haare hat als ich, ist ihr Leben – in dieser von Rassismus und Colorismus geprägten Gesellschaft – unendlich viel leichter. Und so begreife ich, welch subtiler Programmierung ich, meine Mutter und davor meine Großmutter zum Opfer gefallen sind: Sieh zu, daß du dem Schmerz, dem Spott, den Witzen, der fehlenden Aufmerksamkeit, dem fehlenden Respekt, den fehlenden Verabredungen und auch dem fehlenden Job entkommst, egal wie. Und wenn du nicht selbst entkommen kannst, dann hilf deinen Kindern zu entkommen. Laß sie nicht leiden, wie du selbst gelitten hast. Aber *wohin* wollen wir entkommen? Früher gab es nur eine Antwort auf diese Frage – in die Freiheit. Für unsere Eltern war es jedoch mitunter so, als wären Freiheit und Weißsein das Gleiche, und das stellt jeden farbigen Menschen, der nicht untergehen will, vor ein Problem.

Als ich über die Hautfarbe nachdachte, über dich, mich, meine Tochter und meine Mutter, fiel mir eine Geschichte ein, die einiges von dem illustriert, was ich gerade gesagt habe. Sie beginnt in den Südstaaten, als ich noch nicht zwanzig war, und endet ungefähr zwölf Jahre später in einem Café in New Mexico.

Doreena, eine der Hauptpersonen dieser Geschichte, geht mir noch heute nicht aus dem Sinn, und ich mache mir Sorgen um sie und frage mich, wie es ihr wohl geht.

Als wir uns kennenlernten, war sie ein brillantes, elegantes und sehr, sehr schwarzes Mädchen. Wer sie ansah, »lebte wieder auf«, wie es in einem Gedicht von Mari Evans heißt. Denn sie war »rein«. Die Gene unverfälscht. Vollkommen »unverbessert« durch Infusionen von weißem oder indianischem Blut. Sie war schön. Allerdings wurde das Wort »schön« (beautiful) zu der Zeit nie für eine schwarze Frau verwendet. Zur Not konnte man sie »hübsch« (handsome) nennen. »Her skin is black *but* she is sure nuff pretty«* – das konnte man damals vielleicht denken, aber nicht singen. Stevie Wonders Text ist heutzutage zwar in diesem einen Punkt (»aber« statt »und«) überholt, hätte aber in den fünfziger und frühen sechziger Jahren als revolutionär gegolten. »Beautiful« war für weiße Frauen und für schwarze Frauen wie dich. Bei Mittelbraunen wie mir hätte es »gutaussehend« (good-looking) geheißen. Die Schönheit von dunkelschwarzen Frauen anzuerkennen, war für mich ein notwendiger Akt innerer Befreiung, aber dabei war mir immer klar, daß ich gegen den Strom schwamm.

Jedenfalls wurde Doreena von einem sehr hellhäutigen jungen Mann zurückgewiesen, mit dem sie eine Zeitlang befreundet war und den sie zu heiraten hoffte. Seine Eltern meinten, sie sei zu dunkel und würde nicht in ihre cremefarbige Familie passen. Und wie viele schwarze Schwarze, die man ihrer Hautfarbe wegen zurückgewiesen hat, warf sie sich dem reinsten, schwärzesten Schwarzen in die Arme, den sie finden konnte. Er kam von den Westindischen Inseln. (Sie hätte auch den anderen »traditionellen« Ausweg wählen können – in die Arme eines

---

* »Ihre Haut ist schwarz, *aber* hübsch ist sie doch«

»richtigen« Weißen, und damit all denen eine lange Nase drehen, die »so tun als ob«).

So ging unsere Schwester Doreena dahin, fort in eine sexistische, patriarchalische, provinzielle Kultur, von der sie mit ziemlicher Sicherheit keine Ahnung hatte.

Und der junge Mann? Nennen wir ihn Hypolytus. Hypolytus heiratete eine Finnin. (Eingedenk seiner Eltern.) Und in einem Café von New Mexico, wo er und ich zusammen Mittag aßen, erzählte er mir die folgende Geschichte: Er und seine finnische Frau hatten sich ziemlich bald scheiden lassen. Unter anderem hatte sie darauf bestanden, in Finnland zu leben, was er nicht im Traum erwartet hätte: er glaubte zwar an den Satz »Wo du hingehst, da will auch ich hingehn«, bezog diese Verpflichtung aber selbstverständlich nur auf die Frau. Nun hatte er sie und seine Tochter vor kurzem dort besucht. Während er dort war, ging er mit seiner Tochter einkaufen. Und da mußten die Verkäuferinnen in den verschiedenen Geschäften von Helsinki – an amerikanische Touristen gewöhnt – für ihn und seine Tochter dolmetschen, weil sie kein Englisch konnte und er sein bißchen Finnisch wieder vergessen hatte.

Es war wohl diese Geschichte und die deutliche Empfindung, daß unser Bruder Hypolytus von der Gesellschaft und seinen Eltern an der Nase herumgeführt worden war, was mich zum Nachdenken brachte über die Unterdrückung aufgrund der Hautfarbe, wie ich sie selbst erfahren und selbst erlebt hatte. Ich erinnerte mich an ..., die von den hellhäutigen Mädchen am anderen Ende des Flurs von unserem College-Wohnheim gebeten worden war, woandershin zu ziehen, weil sie so dunkel war; die Männer, die zu ihnen kamen, fanden ihre dunkle Hautfarbe »unharmonisch«. Ich erinnerte mich daran, daß ich vor dem »Dom« in New York buchstäblich vom Bürgersteig gestoßen worden war, und zwar von jungen Schwarzen, die mit den weißen Frauen reden wollten, die bei mir waren. Vielleicht ist es kein Zufall, daß meine beste Freundin damals eine schwarze Schwarze aus Afrika war, mit der kein schwarzer Mann ausgehen wollte. Dafür ging sie mit einem weißen Theologiestudenten aus Texas, und ich war mit einem irischen Juden aus New England verlobt.

Dieser Essay ist dir gewidmet. Du bist jünger als ich, und so betrachte ich dich als eine jüngere Schwester, die alles, was deine älteren Schwestern gelernt haben, noch weiter führen wird. Eine Schwester, die ich nicht an die Einflüsterungen von Eltern oder Großeltern verlieren möchte, die mit ihren Reden vom »Aufhellen« oder »Aufdunkeln« der Rasse hinter dir stehen. Als dunkle Frau habe ich auch nicht vor, dich aufzugeben. Wenn wir zusammen die Straße entlanggehen und diejenigen, die ihre schwarze Mutter hassen, nur für dich Augen haben (eigentlich für deine Hautfarbe und dein Haar), werden wir uns dadurch nicht trennen lassen, sondern ihre Ignoranz und ihre vorprogrammierte Selbstauslöschung wird uns leid tun. Denn man kann nicht seinen Ursprung hassen und dabei überleben, wie einmal gesagt wurde.

Die Frau, deren Worte dem folgenden Essay vorangestellt sind, war meine Lehrerin an der High School. Eine Frau mit Courage, mit Seele und einer großen Liebe zu uns. Es kann für uns als Volk nur gut sein, wenn wir uns mit dem Schmerz und der Entfremdung beschäftigen, die sie uns hier vor Augen führt.

In schwesterlicher Liebe Alice

Ein Consciousness-Raising-Paper* für schwarze schwarze Frauen und hellere schwarze Frauen und ihren gemeinsamen Kampf um das »schmutzige kleine ›Geheimnis‹« der Hautfarbe im afro-amerikanischen Leben

Genauso wichtig / wie »What it is, brother?«** / ist jedoch »What it is, sister?« Keine traut sich, das Elend ihrer Lebenswirklichkeit auszusprechen, noch nicht einmal meine schwarzen Schwestern selbst. Dieses Elend besteht in dem brutalen Rassismus der schwarzen Mittelklasse, der sich gegen die dunkel-schwarze Frau richtet. Generationen lang hat die schwarze Mittelklasse die dunkel-schwarze Frau von der Hauptader der schwarzen mittelständischen Gesellschaft ferngehalten und mit dieser Diskriminierung selbst den Keim gelegt, der die Schwarzen in unserem Land polarisiert hat; folglich hat die schwarze Mittelklasse ihre eigene Seele vernichtet und ist, wie viele Schwarze aus der Arbeiterklasse meinen, zum Aussterben verurteilt.

Das Elend besteht in dem Wahnsinn, der den Weißen geholfen hat, Schwarze gegeneinander aufzuhetzen, und die schwarze Mittelklasse dazu gebracht hat, sich in eine Art psychische Vernichtung zu stürzen. Die schwarze Arbeiterklasse beginnt sich daher zu fragen, »Was ist das für ein Volk, dessen Selbstver-

---

* Consciousness-Raising (wörtl.: »Bewußtseinshebung«) wurde in der deutschen Frauenbewegung unter dem Namen »Selbsterfahrung« bekannt und bezeichnet den Austausch von Erfahrungen mit dem Ziel, Gemeinsamkeiten zu erkennen und so die Situation der Frau zu bestimmen.

** Wörtl.: »Was ist es, Bruder?«; im Black English eine Grußformel.

ständnis auf der Farbe der Haut beruht? Und was ist das für ein Volk, das den Schoß des eigenen genetischen Erbguts von sich weist?« Denn jeder Afro-Amerikaner stammt doch gewiß von einer schwarzen Schwarzen ab. Was soll denn aus einem Volk werden, das das Blut des weißen Sklavenhalters hegt und pflegt, der die Stammutter verletzt und erniedrigt hat? Was für eine Zukunft kann eine Klasse von Sklavenabkömmlingen haben, die indirekt den Sklavenhaltern mehr Ehre zuteil werden läßt als den afrikanischen Frauen, die ihre Sklaven waren? Wie soll eine Klasse enden, die die schwarze Haut zu ehren vorgibt, insgeheim aber schwarze Frauen aus der Arbeiterklasse verachtet, wenn in ihrem Gesicht keine Spur von weißem Blut zu finden ist?

Trellie Jeffers
»The Black Black Woman and the Black Middle Class«
in: THE BLACK SCHOLAR

Was Jeffers hier sagt, hat mich jahrelang beschäftigt. Dann wollte ich sehen, ob die schwarze Literatur, die ja immer sehr aufschlußreich ist, ihre Aussagen bestätigt. Als Hintergrund nahm ich drei Romane von schwarzen Frauen aus dem 19. Jahrhundert, wo ich folgendes fand:

Im ersten Roman sagt eine Figur zu einer anderen: »Aber wenn du die hübschen weißen Hände von ihr gesehen hättest, würdst du nie meinen, daß sie ihren eigenen Haushalt macht, und schon gar nich den von jemand anders.

Herrje! is die hübsch. Schönes langes Haar über den ganzen Rücken, hübsche blaue Augen und so weiß wie nur was ...«

Im zweiten Roman heißt es:

»Meg Randal riß das lieblich-dunkle Augenpaar auf und hob voll Verwunderung die zwei kleinen weißen Händchen.

Ethel setzte sich nieder und nahm eine der makellosen kleinen Hände Megs in die ihre. Diese Hand war Megs ganzer Stolz, und es mochte scheinen, als sei dieser Stolz berechtigt. Wie zart, weiß und schmal war doch ihre Grübchenhand!«

Im dritten Roman:

»Ihr Kleid war schlicht schwarz, mit weißem Chiffonbesatz an Kragen und Manschetten, und ihre Brust zierte ein großer Strauß Jakobsröschen ... Groß und hell, mit goldschimmerndem Haar, kühn geschwungener Nase, Rosenknospenmund und sanften braunen Augen unter einem Schleier von langen, dunklen Wimpern, die ihre Wangen streichelten, auf denen nun ein sanft-rosa Hauch lag, so stürzte sie herein ... Königrose und Lilie zugleich!«

Die Zitate stammen aus *Iola LeRoy, Or Shadows Uplifted* von Frances Ellen Watkins Harper, erschienen 1895; *Megda* von Emma Dunham Kelly, erschienen 1891; und *Contending Forces* von Pauline E. Hopkins, erschienen 1900.

Photos der Autorinnen zeigen, daß sie eindeutig »farbig«, wenn nicht buchstäblich schwarz waren. Warum stellen sie ihre schwarzen Heldinnen als weiß dar – und als nicht zur arbeitenden Bevölkerung gehörend? Schließlich verbrachte Frances Watkins Harper – die bedeutendste dieser drei Autorinnen – ihre Zeit meist nicht mit schwarzen Mittelklassefrauen weißer Hautfarbe; sie arbeitete vielmehr während der Rekonstruktionsperiode kurz nach der Abschaffung der Sklaverei in den Südstaaten als Dozentin und Lehrerin mit schwarzen und braunen Freigelassenen. Über die Frauen schrieb sie:

Ich weiß von Mädchen zwischen 16 und 22, die bis Mitternacht bügeln, um tagsüber in die Schule kommen zu können. Wir haben Schülerinnen, ungefähr 19 Jahre alt und an die dreißig Meilen weit weg wohnend, die Land gepachtet, gepflügt, Baumwolle gepflanzt und dann verkauft haben, damit sie zu uns kommen können. Eine gute Bekannte von mir hat ihren Mann gedrängt, fünfhundert Dollar Schulden aufzunehmen für ein Haus, weil bei dem Land, auf dem sie gebaut hatten, die Besitzverhältnisse unklar waren, und sie sagte zu mir: »Wir müssen es in fünf Jahren abbezahlt haben, und ich fange noch heute damit an, so wahr ich lebe. Ich werde hundert Dollar mit Wäschewaschen verdienen, und es wäre nicht das erste Mal.« Dabei haben sie sieben kleine Kinder zu ernähren, zu kleiden und zu erziehen. Auf den Feldern bekommen Frauen den gleichen Lohn wie Männer und werden oft lieber genommen, weil sie ebenso gut roden, hacken oder Baumwolle pflücken.

Nichts von »Königinrose und Lilie zugleich«. Keine »zarten weißen Hände«. Nur braune Hände und schwarze Hände – wenn nicht genetisch bedingt, dann durch die Arbeit. Aber über diese Frauen hat im 19. Jahrhundert niemand – ob Frau oder Mann – Romane geschrieben.

Der erste je veröffentlichte Roman eines afro-amerikanischen Autors, *Clotelle, Or The Colored Heroine* von

William Wells Brown (1867), tut nicht nur gleich im ersten Absatz so, als gäbe es physisch keinen Unterschied
zwischen schwarzem Frausein und weißem Frausein,
sondern diffamiert auch den Charakter der schwarzen
Frau im allgemeinen:

Viele Jahre schon sind die Südstaaten berühmt für
ihre schönen Quadroon-Frauen (die zu einem Vier-
tel schwarz sind und als Weiße durchgehen können).
Ströme von Tinte und Stapel von Papier wurden
darauf verwendet, die »feingeschnittenen und wohl-
geformten Gesichtszüge«, die »prachtvolle Figur, das
bezaubernde Lächeln« sowie die »kultivierte Art«
dieser sinnlichen und leidenschaftlichen Töchter bei-
der Rassen – ungesetzliches Produkt des Verbre-
chens menschlicher Knechtschaft – zu beschreiben.
Bedenken wir, daß kein Schutzwall je um die Tugend
errichtet wurde und den Sklavinnen für Reinheit
und Keuschheit kein Lohn winkte, dann sind wir
nicht überrascht zu hören, daß der häusliche Kreis in
den großen und kleinen Städten des Südens von Unmoral durchsetzt ist, und zwar in einem Ausmaß,
wie man es in den Nordstaaten nicht kennt. Manche
Pflanzersfrau hat, wehen Herzens, ein elendes Leben
ertragen, da sie ihren Platz in ihres Gatten Zuneigung erobert fand von der schlichten Schönheit und
dem bezaubernden Lächeln ihrer Zofe. *In der Tat
kannte die Mehrzahl der farbigen Frauen in den Tagen
der Sklaverei kein größeres Bestreben, als eines weißen
Mannes wohlgekleidete Mätresse zu werden.* (Hervorhebung von mir, A.W.)

Man beachte, wie geschickt Brown die Verantwortung für Vergewaltigung, Kindesmißbrauch, Inzest und andere Arten von »Unmoral« schlankweg denen zuschiebt, die als machtlose Sklaven am allerwenigsten dafür verantwortlich sind, und die er als »sinnlich« und »leidenschaftlich« hinstellt, um sie dann derart verleumden zu können.

Es ist unwahrscheinlich, daß die vergewaltigte, als Sklavin gehaltene Dienerin einer Pflanzersfrau aufgrund einer solchen Vergewaltigung annahm, sie habe den Platz der Ehefrau in der »Zuneigung« ihres Vergewaltigers »erobert«. Brown wollte offenbar, daß Schwarze stolz sind auf die beleidigenden »Aufmerksamkeiten« des Vergewaltigers und triumphieren, weil seine Ehefrau leidet. Ja, er will uns glauben machen, die versklavte Frau sei ebenso mächtig wie der Sklavenhalter, da sie ihn ja mit ihrem Lächeln »bezaubert«, das heißt erobert hatte, genau wie er sie mit seinem Gewehr und seinen Gesetzen erobert hatte.

Brown denkt auch nicht an die Millionen von vergewaltigten, zu Sklaven gemachten Afrikanerinnen, für die es keine Chance gab, je »wohlgekleidet« zu sein oder den Status einer »Mätresse« zu erringen.

»Ströme von Tinte, Stapel von Papier«, sagt er. Aber wer waren diese Autoren? Im siebzehnten, achtzehnten und neunzehnten Jahrhundert waren es, bis auf wenige Ausnahmen, weiße Männer, die sich in ihren sadistischen Phantasien über schwarze Frauen ergingen und – bis ins letzte schauerliche Detail – ihre eigenen perversen sexuellen Vorlieben in bezug auf versklavte Frauen schilderten. Die solchen Fieberträumen entsprungenen »Quadroon«-Frauen waren nicht real und sagten mehr darüber aus, wie weiße Männer schwarze Frauen sehen *wollten*, als darüber, wie schwarze Männer sie sahen oder wie schwarze Frauen sich selbst sahen.

Und doch präsentiert uns Brown, unser erster schwarzer Romanautor*, in diesem ersten von einem Schwarzen geschriebenen Roman eine Szene nach der anderen, eine Krise nach der anderen, in der blasse, zarte blonde und brünette Frauen – angeblich von der Last ihrer »Hautfarbe« niedergedrückt – sich mit der Langeweile ihres Sklavendaseins herumschlagen, wobei stets ein treuloser weißer Mann im Spiel ist, und selten etwas tun, das gewöhnlicher Sklavenarbeit gleicht.

Mit ihrer Darstellung der »schwarzen Frau« haben sich die drei schwarzen Romanautorinnen des neunzehnten Jahrhunderts *von sich selbst* entfremdet und sind einem schwarzen Mann und seiner Interpretation der Phantasien weißer Männer gefolgt. Infolgedessen war es noch 1929 unerhört, wenn in einem Roman eine sehr dunkelhäutige Frau vorkam, es sei denn, sie war sofort als Problem- oder als Witzfigur zu erkennen. Das war bei Emma Lou in Wallace Turners 1929 erschienenem Roman *The Blacker the Berry* der Fall, der sich mit den sehr realen Schwierigkeiten einer schwarzen Schwarzen in der weißen Gesellschaft und einer farbfixierten schwarzen Gesellschaft beschäftigt.

---

* Vor kurzem wurde der 1859 erschienene Roman *Our Nig* von Harriet E. Wilson entdeckt, der mehrere Jahre älter ist als der von Brown und somit Harriet E. Wilson zu unserer ersten schwarzen Romanschriftstellerin macht. Interessanterweise geht es auch in ihrer Geschichte um eine Frau mit gemischtrassigen Eltern: die Mutter ist weiß, der Vater schwarz. Daß sie eine hellere Haut besitzt, macht aber ihr Los als unter einem Knebelvertrag stehende schwarze Dienerin einer feindseligen weißen Mittelschichtsfamilie in den Nordstaaten der Vorbürgerkriegszeit nicht leichter.

»Sie hätte ein Junge sein sollen, dann hätte die Hautfarbe nicht so viel ausgemacht, denn sagte ihre Mutter nicht immer, ein schwarzer Junge kommt schon zurecht, ein schwarzes Mädchen aber wird nichts als Schmerz und Enttäuschung erfahren?«

Die Heldin dieses Romans hält ihre schwarze Hautfarbe für etwas Unnatürliches, ja sogar Dämonisches. Dabei ist für Millionen von ganz zufriedenen Frauen, hier und in Afrika, schwarze Haut das Natürlichste, *Un*dämonischste von der Welt.

Für manche Leser ist Charles Chesnutts Erzählung *The Wife of His Youth* (1899) ein Versuch, im neunzehnten Jahrhundert realistisch über eine schwarze Schwarze zu schreiben. Aber diese Geschichte – in der sich ein beinahe weißer ehemaliger Sklave in eine Frau verliebt, die jünger ist und weißer aussieht als er selbst, dessen Heiratspläne aber durch das Auftauchen einer früheren Ehefrau, älter und schwärzer als er, zunichte gemacht werden – bestätigt nur meine These. »Die Frau seiner Jugend« wird von dem Erzähler und anderen Protagonisten in der Erzählung *gleichermaßen* als Problem- wie als Witzfigur angesehen. Obwohl sich unser Held vor seinen neuen Freunden zu seiner früheren Frau bekennt, gibt uns Chesnutt eine schöne Zusammenfassung seiner Rassenphilosophie, und die lautet so:

»Ich habe keine Rassenvorurteile«, sagt er, »aber ein Mischling wie ich wird zwischen dem oberen und dem unteren Mühlrad zerrieben. In der weißen Rasse aufzugehen *oder von der schwarzen verschlungen zu werden* – dazwischen liegt unser Schicksal (Hervorhebung von mir, A.W.). Die eine will uns noch nicht, könnte uns aber mit der Zeit annehmen. Die andere würde uns willkommen heißen, aber für uns wäre das ein Schritt zurück. ›Keinem feind und allen freund‹ müssen wir für uns selbst und für die, die nach uns kommen, das Bestmögliche tun. Selbsterhaltung ist das oberste Naturgesetz.«

Glücklicherweise ist »die Frau seiner Jugend« zu alt, um Kinder zu bekommen, die dieses »Verschlungenwerden«, diesen »Schritt zurück« verkörpern würden.

Es ist interessant, welche Veränderungen der männliche Held des Romans von William Wells Brown im Laufe der verschiedenen Fassungen erfährt. In der ersten Version hat er eine weiße Haut, genau wie Brown selbst (sein Vater war weiß, seine Mutter eine »Mulattin«), und könnte als Weißer durchgehen. In der endgültigen Fassung ist er schwarz, allerdings mit *glattem* schwarzem Haar. Die Heldin aber bleibt hell und wird niemals dunkler als eine »dunkle« Europäerin.

Vgl.: »... in Clotelles äußerer Erscheinung deutete nichts darauf hin, daß in ihren Adern auch nur ein Tropfen afrikanischen Blutes rann, außer, vielleicht, der leichten Welle in ihrem Haar und dem kaum wahrnehmbaren dunklen Hauch auf ihrem Antlitz. Sie ging als Rebellen-Lady* durch ...«

---

* »Rebel« – scherzhafte Bezeichnung für einen weißen Südstaatler

Ein Grund für diese Fülle von Frauengestalten mit weißer Haut in den Romanen schwarzer Autoren des neunzehnten Jahrhunderts ist der, daß im neunzehnten Jahrhundert die meisten Leser von Romanen Weiße waren – Weiße, die damals genau wie zum größeren Teil auch heute noch menschliches Empfinden, Menschlichkeit nur dann erkennen konnten, wenn es einen weißen oder fast weißen Körper hatte. Und obwohl schwarze Männer als buchstäblich schwarz gezeichnet werden und trotzdem noch als Männer gelten konnten (denn *dunkel* ist im euro-amerikanischen Verständnis *männlich*), mußte die schwarze Frau, weil sie dunkel und dabei weiblich war, gewaltsam weißer gemacht werden, da das Muster euro-amerikanischer Weiblichkeit die »reine, weiße Frau« ist.

Natürlich konnten im neunzehnten Jahrhundert wenige der ehemaligen Sklaven überhaupt lesen, da das Gesetz sie unter Androhung einer Strafe zum Analphabetentum gezwungen hatte; und noch viel weniger hätten sie sich jemals durch einen ganzen Roman hindurchkämpfen können, auch wenn er ihre Erfahrungen ganz wahrheitsgetreu wiedergegeben hätte. Es ist verständlich, daß die Schriftsteller mit Rücksicht auf ihre gegebene Leserschaft schrieben. Aber daß sie sich selbst und die Schwarzen insgesamt als weißer darstellen, als wir tatsächlich sind, hat zu einer Verstümmelung der Phantasie und auch der Wahrheit geführt, die wir bis heute – mit Wut, Schmerz, Neid und Unverständnis – teuer bezahlen müssen.

Zum Glück, zu unserem Glück, kam dann eine schwarze Schriftstellerin, die ihre schwarzen Frauengestalten nicht mit den Augen eines – ob schwarzen oder weißen – Mannes sah; und nun – nach Brown, Watkins, Kelly und Hopkins im neunzehnten Jahrhundert und nach Fauset, Larsen und Toomer in den zwanziger Jahren dieses Jahrhunderts (die schwarze Frauen noch immer als hell, wenn nicht gar *weiß* und auch in anderer Hinsicht atypisch darstellten) – zeigen sich in den Büchern dieser Schriftstellerin schwarze Frauen endlich ganz natürlich in allen Farben, in denen es schwarze Frauen gibt, also vorwiegend braun und schwarz, und kulturell afro-amerikanisch geprägt. Obwohl Zora Neale Hurstons bekannteste Heldin, Janie Crawford, sich durch eine helle Haut und duftiges Haar auszeichnet, wissen wir, sobald sie den Mund auftut, wer und was sie ist; ihre Hände mögen zwar genetisch »hell« sein, doch sind sie braun geworden von der Arbeit, die sie mit anderen Schwarzen zusammen verrichtet, von denen sie sich tatsächlich nicht unterscheidet, auch wenn alle drei Ehemänner ihr das einzureden versuchen.

Viele dunkelhäutige Frauen haben Schwierigkeiten, sich mit Janie Crawford zu identifizieren, und sprechen verächtlich von ihren »Mulattenprivilegien«. Diese »Privilegien« kommen daher, daß sie wegen ihrer Hautfarbe und ihrem Haar verehrt und von ihren farbbesessenen Ehemännern über andere schwarze Frauen gestellt wird; dabei ist ihr nicht erlaubt, in der Öffentlichkeit den Mund aufzumachen, da ihr Äußeres angeblich schon alles sagt.

Und für den schwarzen Mann sagt – wie wir in unserer Literatur und allzu häufig leider auch in der Realität sehen – das Äußere einer weiß aussehenden Frau tatsächlich alles. Aber was sagt es eigentlich? Der dunkelhäutigen Schwarzen bereitet es eine Enttäuschung und

Peinlichkeit nach der anderen, daß praktisch alle schwarzen Führer (Marcus Garvey eingeschlossen!) sich ihre Frauen offenbar allein danach ausgewählt haben, wie weiß ihr Teint war. Zwar war die erste Frau von Frederick Douglass schwarz, aber es gelang ihm, das meiste von dem, was sie in seinem Leben bewirkte, zu verheimlichen. Den Forschungsarbeiten von Sylvia Lyons Render zufolge hat Annie Murray Douglass sogar den Matrosenanzug genäht, in dem Douglass aus der Sklaverei entfliehen konnte, aber diese Hilfe wird von ihm nirgends angemessen gewürdigt. Seine zweite Frau, die er als freier Mann wählte, war weiß; mit dieser Ehe setzt sich ein Schema fort, das auf die Zeit der Sklaverei zurückgeht, als Weiß das Richtige war und der Octoroon- oder Quadroon-Sprößling einer vergewaltigten Schwarzen oder Mulattin das Nächstbeste nach Weiß. Einer Frau mit schwarzer Hautfarbe muß, aus mancherlei Gründen, ein kalter Schauder den Rücken hinunterlaufen, wenn sie Photos von den Frauen sieht, die sich unsere führenden Männer ausgesucht haben. (Und dieser »kalte Schauder« ist eine Erfahrung, der die schwarze Frau dunkler Hautfarbe kaum entgehen kann in unserer Zeit, wo die Geschichte der Schwarzen durch Bilder vermittelt wird.*) Denn es ist offensichtlich, daß sie zwar

---

* Zum Beispiel wurde ich vor ein paar Jahren gebeten, in Atlanta auf einer Konferenz zu sprechen, die »The Southern Woman: From Myth to Modern Times« hieß. Als ich die Unterlagen erhielt, wurde mir schlecht: auf dem Titelblatt war in der Tat ein winziges Gesicht von einer schwarzen Frau, eingeklemmt zwischen dem einer weißen Frau (oben, natürlich) und dem einer Asiatin (unten). Auf der dritten oder vierten Seite sah man ein größeres Bild von einer exquisit gekleideten schwarzen Schwarzen. Dazwischen jedoch, und diese beiden Schwarzen vollkommen erdrückend, kam ein Bild von weißen Frauen nach dem anderen. Wie sollte ich vor einem solchen Publi-

theoretisch und für andere Schwarz bewußt bejaht haben mögen, für sie selbst aber Hell das Richtige blieb. Von den führenden Männern der jüngsten Vergangenheit hat allein Malcolm X zu einer schwarzen Schwarzen gehalten, indem er sich öffentlich zu ihr bekannte und sie heiratete. Und das hat ihm bei den Schwarzen, und vor allem bei den schwarzen Frauen, nicht weniger Respekt eingebracht als seine »offizielle« Politik, und macht ihn auf eine Weise radikal und revolutionär, wie es wenige von unseren anderen führenden schwarzen Männern sind.

Eigentlich dürften dunkel-schwarze Frauen diese Dinge gar nicht wahrnehmen. Aber um die Wahrheit zu sagen (und warum sollten wir das nicht? Vielleicht erleben wir gerade unsere letzten Monate auf dieser Erde), ist das oft das *Einzige,* was wir wahrnehmen. Man erzählt uns, solche Sachen seien nicht »ernst«, nicht »politisch« und ohne Bedeutung für den Freiheitskampf der Schwarzen. Und schließlich heiraten manche von uns ja auch weiße Männer – wer sind wir denn, uns zu »bekla-

---

kum sprechen können, das nur einen »Vorzeigeneger« brauchte? Als ich in Atlanta ankam, sprach ich das gegenüber einer schwarzen Frau (einer wunderbar komischen Frau gelber Hautfarbe, die uns beide andauernd zum Kichern brachte) aus dem Komitee an, das mich eingeladen hatte. Sie zog mich daraufhin durch den Flur der Atlanta Historical Society, wo ich sprechen sollte. Sie wies auf die Frauenbilder an den Wänden, die auch in der Broschüre abgedruckt waren, und sagte: »Die hier ist schwarz, und die da; die dort und alle da drüben.« »Alle da drüben« bezog sich auf ein Photo der *Atlanta Ladies' Auxiliary* von ungefähr 1912, alles Ehefrauen führender Persönlichkeiten von Atlanta. Nur eine von den ungefähr zwölf Frauen hätte auf dem Photo als Schwarze durchgehen können, und auch sie hätte eine sonnengebräunte Weiße sein können. Ich konnte eine Bemerkung über den hundertjährigen Kampf nicht unterdrücken, der zur »Integration« von Institutionen wie der Atlanta Historical Society notwendig war – nur damit man am Ende dieses Kampfes keinen Unterschied mehr sieht.

gen«? Aber es zählt nicht zu den weiblichen Privilegien, daß eine schwarze Frau einem Octoroon oder Quadroon oder weißen Mann den Hof oder einen Heiratsantrag macht; das läßt die patriarchalische Gesellschaft, in der wir leben, nicht zu. Der Mann wählt; häufig mit der gleichen Umsicht, mit der er ein Spielzeug wählt.

Alle schwarzen Männer in *Their Eyes Were Watching God* sind scharf auf Janie Crawford. Sie sind scharf auf ihre Hautfarbe und ihr langes Haar und denken in keiner Weise an den Schmerz, den ihre Mutter und ihre Großmutter aushalten mußten (die eine von einem Weißen vergewaltigt, die andere von einem Schwarzen), um ihr diese Vorzüge »vererben« zu können. Keiner kümmert sich um Janies Isoliertheit durch ein Aussehen, das sie sich nicht selbst ausgesucht hat, oder um ihre Verwirrung über die Erkenntnis, daß die gleichen Männer, die ihr Aussehen vergöttern, imstande sind, dieses Aussehen total von ihrer Persönlichkeit zu trennen. Es sind durchweg Hinterwäldler, die nie in solchen Begriffen gedacht hätten, aber in Wahrheit ist ihr Interesse an Janie genauso sadistisch und pornographisch, wie das von Weißen damals gewesen wäre. Und ich glaube, das ist ein Grund dafür, daß Zora Neale Hurston (die den Unterschied zwischen dem, was Schwarze sagen, und dem, was sie meinen, immer sehr genau beachtete) diese Gestalt so »hell« sein ließ: um uns das klarzumachen.

Als ich *Their Eyes* die ersten Male las, konnte ich noch über die Bedeutung der Szene im 17. Kapitel hinwegsehen, wo TeaCake Janie schlägt. Feministinnen haben mich oft darauf aufmerksam gemacht, aber ich habe es immer einfach als »Versehen« von Zora Neale Hurston erklärt. In Wirklichkeit hatte ich nicht begriffen, was da vor sich ging; dabei enthält das, was da vor sich geht, eine der wichtigsten Erkenntnisse dieses Buches.

Wer das Buch gelesen hat, wird sich erinnern, daß TeaCake sehr eifersüchtig ist auf Janie wegen Mrs. Turners Bruder – dem mit der hellen Haut und dem lose flatternden Haar. Grundlos eifersüchtig, wie Janie ihm immer wieder klarmacht. TeaCakes Eifersucht beruht unter anderem darauf, daß es so ungewöhnlich für eine hellhäutige und wohlhabende Frau wie Janie ist, sich mit einem armen und schwarzen Mann wie ihm abzugeben. Nicht, weil die Frauen mit heller Haut alle hinter Männern mit heller Haut her wären und ihnen Anträge machten, sondern weil Männer von heller wie von dunkler Hautfarbe hinter Frauen mit heller Haut her sind und ihnen Anträge machen. Da hellhäutige Männer im allgemeinen mehr Bildung und bessere Jobs haben als die mit dunkler Haut (noch heute sind die Leichenbestatter in den Südstaaten in der Regel Schwarze von heller Hautfarbe, genau wie die farbigen Ärzte und Versicherungsvertreter), haben sie die Vorzüge von Hautfarbe, Klasse und einträglicher Beschäftigung und können sich so den »Preis« sichern, den eine helle Frau für sie bedeutet. Wie alle »Preise« werden die Frauen zur Schau gestellt und ermahnt, sich nicht schmutzig zu machen (wobei oft andere schwarze Schwarze der »Schmutz« sind). Ihre Ähnlichkeit mit dem »Preis« des weißen Mannes, das heißt der weißen Frau – der sie meist aufgrund einer Vergewaltigung ähnlich sind (und ich behaupte, daß jeder Geschlechtsverkehr zwischen einem freien Mann und einem menschlichen Wesen, das er besitzt oder beherrscht, eine Vergewaltigung ist) – muß unter allen Umständen aufrecht erhalten werden.

Im Unterschied zu Janies ersten beiden Ehemännern hat TeaCake entdeckt, daß sein »Preis« schmutzig wie sauber gleich attraktiv ist, und unterstützt sie darin, sich zu kleiden, zu benehmen und zu reden wie sie will. Dennoch muß er seinen Freunden und der allgegenwärtigen Mrs. Turner, die Janie mit ihrem Bruder zusammenbringen will (sie ist der Meinung, hell gehört zu hell), beweisen, daß er der uneingeschränkte Besitzer ist. Als Mrs. Turner ihren Bruder mitbringt und ihn vorstellt, hat Tea-Cake einen »Geistesblitz«. Noch in derselben Woche »verprügelt« er Janie.

Wie Hurston schreibt, schlägt er sie nicht etwa, »weil sie ihm Anlaß zur Eifersucht gab, aber es befreite ihn von dieser schrecklichen inneren Furcht. Daß er sie prügeln konnte, machte ihn sicher in seinem Besitzanspruch. Von Brutalität keine Spur. Er verkloppte sie nur ein bißchen, um zu zeigen, daß er der Boss war. Alle sprachen am nächsten Tag auf den Feldern davon. Männer wie Frauen verspürten so etwas wie Neid. Wie er sie hätschelte und tätschelte, als ob die zwei oder drei Klapse ins Gesicht sie beinah umgebracht hätten – da hatten die Frauen Visionen, und wie hilflos sie sich an ihn klammerte – da träumten die Männer Träume.«

Der aufmerksame Leser dürfte erkennen, daß dies der wahre Grund ist, warum TeaCake am Ende von Janie umgebracht wird. Oder vielmehr, aus diesem Grund kann Hurston *zulassen*, daß Janie TeaCake am Ende tötet. Auch wenn sie sich »hilflos« an ihn klammert, weiß sie doch, daß sie öffentlich gedemütigt worden ist, und obwohl sie die Rolle der geprügelten Ehefrau spielt (nach dem, was ich in Veröffentlichungen von Frauenhäusern lese, enden solche Prügeleien meist mit Sex und der vollständigen Unterwerfung der Frau: »hilfloses Anklammern«), bleibt ihr erwachendes Selbstbewußtsein an diesem Punkt nicht stehen. Es wird sie kaum freuen, daß sie verprügelt wird und andere Frauen deswegen »Visionen« – in denen sie sich hellhäutig und langhaarig sehen müssen, wie Janie, um sie »genießen« zu können – haben und TeaCakes Freunde »Träume«, das heißt sexuelle Phantasien.

»TeaCake, du hastes gut, Mann«, sagte Sop-de-Bottom. »Da kann der Mensch jeden Fleck sehn, wo du sie geschlagen hast. Ich möcht wetten, die hebt nichmal die Hand, daß sie zurückschlägt. Nimm welche von diesen störrischen alten schwarzen Frauen, da kannst du dich die ganze Nacht mit rumkloppen, und am nächsten Tag sieht kein Mensch, daß du sie auch nur angefaßt hast. Aus dem Grund schlag ich meine Frauen schon gar nicht mehr. Kannst ihnen ja doch kein Fleck machen. *Herrgott! würd ich sone zarte Frau wie Janie gern vertrimmen! Ich möcht wetten, die brüllt noch nichmal. Die heult bloß, eh, TeaCake?*« (Hervorhebung von mir, A.W.)
»So isses.«
»Siehste! Meine Frau würd sich die Lungen zerreißen, daß mans in ganz Palm Beach County hören kann, und mir obendrein noch alle Zähne im Maul ausschlagen. Du weißt nich, wie meine Frau is. Hat neunundneunzig Zahnreihen im Maul, und wenn die erst mal loslegt, gibts kein Halten – die rennt durchn Felsbrocken durch, und wenn er ihr bis an die Hüfttaschen geht.«
(Worauf TeaCake antwortet:)

»Sowas wie meine Janie, das gibs nich alle Tage, un was bieten muß man ihr auch. Ich habse auch nich mitten auf der Straße gefunden.«

Was wird hier wirklich gesagt?

Was hier gesagt wird, ist dies: der schwarze Mann meint, wenn er eine »helle«, weiß aussehende Frau wählt, wählt er eine schwache Frau. Eine Frau, die er besitzen kann, eine Frau, die er schlagen, mit Genuß schlagen kann, die er als geschlagene Frau *zur Schau stellen* kann; mit einem Wort, eine »eroberte« Frau, die nicht schreien und ganz bestimmt nicht zurückschlagen wird. Und warum? Weil sie eine Lady ist, wie die Ehefrau eines Weißen, die gleichfalls geschlagen wird (die Sklaven wußten es, die Diener wußten es, die Zofe wußte es immer, weil sie die blauen Flecken behandelte), die aber so erzogen ist, daß sie still leidet und sogar noch vorgibt, den Sex danach viel mehr zu genießen, weil ihr Mann das offenbar auch tut. Eine Masochistin.

Und wer wird zurückgewiesen? Wer sind die Frauen, die man »mitten auf der Straße« findet? Da ist einmal Harriet Tubman, dann Sojourner Truth, Mary McLeod Bethune, Shirley Chisholm. Ruby McCullom, Assata Shakur, Joan Little und Dessie »Rashida« Woods. Und das bist du, die du eine schwarze Haut hast und kämpfst und schreist durch den massiven Felsbrocken von Amerika, und wenn er dir bis an die Hüfttaschen geht, jeden Tag, seitdem du hier bist, und das bin ich, die ich alle meine neunundneunzig Zahnreihen zu schätzen weiß, weil sie das einzige sind, womit ich mir meinen Weg durch diese Welt beißen kann.

Die Frauen können nichts dafür, daß schwarze Männer helle und weiße Frauen wählen, genausowenig wie sie dafür konnten, daß reiche Plantagenbesitzer sie in der Zeit der Sklaverei zur Mätresse wählten. Anscheinend wählt niemand eine große, starke, *kämpferische* helle oder weiße Frau (und die hat es neben denen, die man schlagen konnte, schließlich auch gegeben). Es gab zwar bei schwarzen Männern eine Redensart, daß *dicke* weiße Frauen am besten wären, denn je dicker sie sind, desto mehr Weiß gibt es da zu lieben, doch bleibt das alles im Bereich von Besitz und »Preis«. Und mit einer Frau, die sich damit abfindet, ein Besitz, ein »Preis« zu sein, sollte man sich auseinandersetzen, anstatt ihr die Schuld zu geben.

Wir sind Schwestern von derselben Mutter, aber uns trennen die verschiedenen Väter – auch wenn man uns so ziemlich zu den gleichen Zwecken benutzt. In den Romanen von Frank Yerby, einem gefeierten schwarzen Schriftsteller, sind wir zu sehen: die schwarze Frau mit der helleren Haut, die der dunkleren als Mätresse des weißen Mannes oder als »Geliebte« des Schwarzen vorgezogen wird; die dunklere Frau, die, sofern sie nicht die weißere auf Sex, Ehe oder Liebschaft vorbereitet, schlicht vergewaltigt wird; zur Arbeit aufs Feld geschickt, in die Küche gesperrt wird. Wie sie die weißen und gelben und braunen und schwarzen Kinder anderer Leute großzieht. Oder wie sie den Aufseher niederschlägt oder dem Herrn die Kehle durchschneidet. Aber nie begehrt oder romantisch geliebt, denn ihr liegt nichts an »ästhetischem« Leiden. Sexueller Kitzel ist ausgeschlossen, denn wenn du sie vergewaltigst, zeigen sich so leicht keine blauen Flecken, und obendrein macht sie keinen Hehl aus ihrem Haß auf dich, tritt dich in die

Eier und hört erst auf, dich den schleimigen Widerling zu nennen, der du bist, wenn du sie bewußtlos schlägst.

Ein Problem ist vielleicht, daß so viele von unseren Führern (und Schriftstellern) selbst keine schwarze Haut hatten. So Brown, der als Weißer durchgehen konnte; Chesnutt, der als Weißer durchgehen konnte und das auch tat; Toomer, der erst recht durchging; Hughes, der (als junger Mann) als Mexikaner durchgehen konnte; Booker T. Washington, John Hope, James Weldon Johnson, Douglass, DuBois, Bontemps, Larsen, Wright, Himes, Yerby ... sie alle sahen ganz anders aus als zum Beispiel Wallace Thurman, der über eine schwarze Schwarze schreiben mußte, weil er selbst so schwarz war und sein Schwarzsein in der Gesellschaft von helleren Schwarzen wie von Weißen als Problem empfand. Wir können viele von diesen Schriftstellern weiterhin achten und lieben und ihre Werke schätzen, weil wir *Amerika* verstehen; aber ihre Darstellung der schwarzen Frau müssen wir mit Argwohn betrachten, weil wir uns selbst verstehen.

Nehmen wir einmal an, du hast eine Tochter, und ihre Haut ist schwarz, und sie studiert Afro-Amerikanistik, zum Beispiel in Harvard. Sie bewegt sich in einer überwiegend weißen Umgebung und soll sich wiedererkennen in einem halben Dutzend weiß aussehender schwarzer Frauen aus dem neunzehnten Jahrhundert und in mindestens zwei Dutzend weißer und gelber Frauen aus dem frühen zwanzigsten Jahrhundert. Ab und zu gibt es in den Texten auch eine Frau mit schwarzer oder brauner Haut, aber die ist dann – na, werfen wir doch einen Blick in den Roman von Brown. Nachdem wir seitenlang von den Kümmernissen der weiß aussehenden Clotelle (und davor ihrer Mutter und Schwester) erfahren haben, begegnen wir auf der letzten Seite einer Mulattin, die (natürlich) Dinah heißt.

Hier die Unterhaltung zwischen Clotelle, der weiß aussehenden Octoroon, die klares, korrektes Englisch spricht, und Dinah, die braun ist, nicht als weiß durchgehen kann und »Schwarz« spricht.

»Dein Mann hat, wie ich sehe, eine Hand verloren – ist das im Krieg passiert?« fragt Clotelle.

»Oh nein Missus«, sagte Dinah. »Wie sie alle die Männer genom hatten, Schwarze un Weiße, um sie in die Armee zu stecken, ham sie auch meinen Alten gekascht un ihn mit die andern mitgenom. Wissen Sie, er hat gesagt, lieber will er sterben, als daß er auf die Yankees schießt. Wissen Sie, Missus, da hat Jimmy einfach die linke Hand genom un auf den Hackklotz gelegt un sie abgehackt mitm Beil. Dann, wissen Sie, ham sie ihn laufenlassen, un er is wieder heimgekom. Wissen Sie, Missus, mein Jimmy isn freier Mann: frei geboren, un mich hatter gekauft un fünfzehn hundert Dollar hatter für mich bezahlt.«
(Brown fährt fort:)
Es war wirklich so, daß Jimmy seine Frau gekauft hatte; das hatte er auch nicht vergessen, wie sich ein oder zwei Tage später im Gespräch mit ihr zeigte. Die Frau war, wie so viele weibliche Wesen (aber die »Missus«, Clotelle, offenbar nicht), ein unverbesserlicher Zankteufel, und es gab für Jim nur ein einziges Mittel, ihre Zunge im Zaum zu halten. »Halt die Klappe, Madam, un sei still«, sagte Jim, nachdem seine Frau ein paar Minuten lang herumgekeift und ge-

zetert hatte. »Halt auf der Stelle die Klappe, sag ich dir – du hast nich so dazustehn un so zu sprechen mit mir. Ich hab dich gekauft und mein Geld bezahlt für dich, un ich laß mich nich so anbollern von dir. Halt auf der Stelle die Klappe -- sonst verkauf ich dich; Gott is mein Zeuge, ich tus. Halts Maul, sag ich, oder ich verkauf dich.« Das hatte den gewünschten Effekt und brachte Dinah für den Rest des Tages zum Schweigen.

Ist es nicht genau diese Angst vor dem »Verkauftwerden«, fragt man sich da, die schwarze Frauen stumm hält, und man malt sich – was Brown ganz offenbar nicht konnte – die schreckliche Wirkung solcher Worte auf eine Frau aus, die vormals nur von Weißen verkauft wurde. Und doch hat unser Schweigen uns nicht vor dem Verkauftwerden bewahrt, wie auch »Dinah« selbst – als »Zankteufel« und als Spott- *und Verkaufsobjekt* – an die Leser aus Browns Zeiten »verkauft« wird.

In der Tat werden Clotelle, Iola LeRoy und Megda ebenso unbarmherzig »verkauft« wie Dinah, obwohl ihr »Verkauftwerden« – an den strukturierten Colorismus der schwarzen Mittelklasse (den Janie Crawford Generationen später aufdeckt und vor dem sie flieht) – von dem Versprechen des sozialen »Aufstiegs« getarnt wird, das heißt der Nähe zu, der Nachahmung von und dem endlichen Verschmelzen mit (oder wie Chesnutt schrieb, dem »Aufgehen in«) der weißen Mittelklasse.

Kein Wunder, daß die »schwarzen« Heldinnen des neunzehnten Jahrhunderts so schwach und langweilig wirken! Sie sind Gefangene einer verhängnisvollen sozialen Vision. Ihr Schicksal – in höchstens zwei Generationen als Schwarze nicht mehr zu existieren – ist besiegelt. Man kann sich vorstellen, wie ihre Enkel sagen – so wie die weißen Enkel der Indianer, die sich dabei eine weitere Feder an ihren Cowboyhut heften: »Ich hab keine Vorurteile gegen solche Leute, schließlich bin ich selbst ein Zwölftel Indianer/Schwarz.«

In seinem epochemachenden Essay »Of the Dawn of Freedom« schrieb W.E.B.DuBois 1903, das »Problem des zwanzigsten Jahrhunderts ist das Problem der Rassenschranke – der Beziehungen zwischen den dunkleren und den helleren Menschenrassen in Asien und Afrika, in Amerika und auf den Inseln des Meeres. Eine Phase dieses Problems war Ursache des Bürgerkriegs …« Dies ist eine wahre Feststellung, aber es ist die Sehweise eines Mannes. Das heißt, er sieht klarer über die Meere hinweg als über den Tisch oder über die Straße. Insbesondere geht er an dem vorbei, was innerhalb der Familie, »der Rasse«, zu Hause passiert; diese Familie ist ebenfalls zu einem Bürgerkrieg imstande.

Mit anderen Worten würde ich sagen, das Problem des 21. Jahrhunderts wird weiterhin das Problem der Rassenschranke sein, nicht nur »der Beziehungen zwischen den dunkleren und den helleren Menschenrassen in Asien und Afrika, in Amerika und auf den Inseln des Meeres«, sondern auch der Beziehungen zwischen den dunkleren und helleren Menschen einer Rasse, und zwischen den Frauen, die innerhalb jeder Rasse Dunkel und Hell repräsentieren. Auf unsere »familiären« Beziehungen untereinander hier in Amerika sollten wir unser Augenmerk richten. Und es ist die gesamte Familie, und nicht ihr dunkler oder heller Teil, die Bestätigung braucht.

Schwarze Frauen mit heller oder weißer Haut verlieren die einzige Verbindung zu der Rebellion gegen Weiß-Amerika, wenn sie sich von der dunkel-schwarzen Frau lossagen. Ihre Kinder werden keine Hüfttaschen haben, in denen sie ihre Waffen tragen, keine Zähne, mit denen sie rassistische Gesetze annagen könnten. Und dunkel-schwarze Frauen verlieren die Bedeutung ihrer Geschichte in Amerika (und auch den Humor, die Liebe und die Unterstützung von guten Schwestern), wenn sie helle und weiße schwarze Frauen nur als verlängerten Arm der Unterdrückung durch den weißen und schwarzen Mann ansehen, und lassen sich gleichzeitig dazu bringen, sich ihrer Stärke und ihres Kampfgeistes zu schämen: des Kampfgeistes, der unser angeborenes Recht und, für manche von uns, ein »störrisches schwarzes« Vergnügen ist.

Als schwarze Frauen sind wir nur dürftig darauf vorbereitet, zu pflegen, was uns am meisten am Herzen liegen sollte. Unsere Vorbilder in der Literatur wie im Leben waren zum größten Teil niederschmetternd. Selbst wenn wir es wollen, können wir uns nicht immer für künftige Generationen erhalten: unsere spirituelle Persönlichkeit nicht, und unsere körperlichen Eigenschaften nicht. (In der Vergangenheit galt in unserer Literatur – wie im Leben auch – die Geburt eines »goldenen« Kindes durch eine dunkle Mutter als Anlaß für ein besonderes Fest. Aber war sie das? So viel von der Mutter wurde ausgelöscht, so viel verändert in dem Kind, dessen Geburt in der Hälfte aller Fälle von ihr nicht geplant war.) Aber vielleicht können wir tatsächlich etwas lernen, selbst von den entmutigenden Vorbildern früherer Jahrhunderte und unserer eigenen Zeit. Vielleicht werden schwarze Frauen, die im 21. Jahrhundert schreiben, ein vollständigeres Bild von der Vielfalt der Unterdrückung – und des Kampfes – zeichnen. Rassismus, Sexismus, Colorismus und Klassenspaltung werden sehr fest in ihrem Bewußtsein verankert sein. Sie werden die wunderbaren Romane von schwarzen Afrikanerinnen – von Buchi Emecheta, Ama Ata Aidoo, Bessie Head und anderen – lesen können, was die schwarzen Frauen des neunzehnten Jahrhunderts nicht konnten. Sie werden Zeugnisse der Kämpfe unserer Zeit haben. Sie werden anderen Frauen nicht mit Neid, Haß oder Unterwürfigkeit begegnen, weil sie ein »Preis« sind. Sie werden nicht selbst ein »Preis« sein wollen. Es wird sie überhaupt nicht kümmern, was Männer für eine Vorstellung davon haben, wie sie aussehen, handeln, reden, sich kleiden und sich mit Prügel und Vergewaltigung abfinden sollten. Sie werden vielmehr eine Menge Zeit darauf verwenden, miteinander zu reden und sich zuzulächeln. Frauen aller Farben werden all ihre Energie für die Wiederherstellung unseres Planeten einsetzen können, was sie jetzt nicht können, weil sie diesen ganzen anderen Kram am Hals haben: Spaltungen, Ressentiments, alte Verletztheiten, Vorwürfe und Gegenvorwürfe. Und dann soll mal einer über die Notwendigkeit von Zähnen und Hüfttaschen reden! Frauen, die im 21. Jahrhundert schreiben, werden zweifellos nur Lob für alle haben.

Auf jeden Fall ist es die Pflicht eines Schriftstellers, sich nicht durch Tricks, Verführung oder Zwang dahin bringen zu lassen, anderer Leute Phantasien durch Nachahmung oder auch Widerlegung zu bestätigen. In einer repressiven Gesellschaft ist es gut möglich, daß *alle* Phantasien, denen sich der Unterdrücker hingibt, für den Unterdrückten vernichtend sind. Wer sich in irgendeiner Weise auf sie einläßt, büßt – zumindest – Zeit ein, die zur Selbsterkenntnis genutzt werden könnte.

Um diese Phantasien zu isolieren, müssen wir uns an die Realität halten, an das, was *wir* wissen, *wir* fühlen, *wir* vom Leben halten. Im Vertrauen auf unsere eigenen Erfahrungen und unser eigenes Leben; mit Achtung vor der Persönlichkeit, dunkler wie heller Hautfarbe.

1982

Ein Blick zur Seite, und ein Blick zurück

Als ich zwei Jahre alt war, bis ich sechs wurde, war meine beste Freundin ein kleines Mädchen, das genauso alt war wie ich und Cassie Mae Terrell hieß. Alle nannten sie »Sister«. Sister Terrell. Wir sahen tatsächlich wie Schwestern aus mit unserer schimmernden braunen Haut, unseren strahlenden dunklen Augen und mit unserem dichten, glänzenden, wippenden Haar, das unsere Mütter mit großen Satinschleifen schmückten … Oft übernachtete Sister Terrell bei mir oder ich bei ihr, und dann kicherten wir die halbe Nacht.

Als ich sechs war, zog Sister mit ihrer Familie nach New Jersey, und ich erlitt meinen ersten Trennungsschock. Ich redete meinem Vater zu, nach New Jersey zu ziehen, aber er wollte nicht. Ich habe den Armen lange für den Verlust von Sister Terrell verantwortlich gemacht – die ich zwanzig Jahre lang nicht wiedersehen sollte. Und die ich in all den Jahren nie vergessen habe.

In der Grundschule, auf der High School und auch auf dem College hatte ich solche Freundinnen wie Sister Terrell. Ich liebte sie treu und innig – und immer mit der Angst, man könnte sie mir wegnehmen. Und oft genug geschah das auch. Sister Terrell zum Beispiel war, als ich sie wiedersah, schon seit Jahren mit einem Mann verheiratet, der sie buchstäblich nichts essen ließ. Als endlich ihre Familie kam, um sie zu retten, war sie so schwach und unterernährt, daß man sie in den Armen wegtragen mußte. In diesem Zustand sah ich sie wieder. Da war nichts mehr von schimmernder Haut und strahlenden dunklen Augen. Nichts mehr von wippender Haarpracht – sogar das Haar selbst war zu einem guten Teil verschwunden.

Ein Grund, warum ich sie so geliebt hatte, war, daß ich einfach wahnsinnig gern kichere und auch gern höre, wie andere kichern. Und Sister Terrell war mit fünf und sechs Jahren ein unvergleichlicher Kicherbolzen. Ihr Kichern war mit das Schönste, was ich auf Erden je gehört habe. Wie konnte irgendwer das aus irgendeinem Grund unterbinden wollen?

Und doch – sie kicherte nicht mehr.

Auf meinem Schreibtisch steht ein Bild von mir, als ich sechs war – unerschrockene Augen, wippendes Haar, auch die optimistische Satinschleife ist da, und ich schaue es oft an; mir ist klar, daß ich stets versuche, dem Kind treuzubleiben, das ich einmal war. Dieses Kind dachte, die Frauen in der Kirche bei uns zu Hause hielten die Welt zusammen. Oft unbegreiflich freundlich, bisweilen boshaft, halsstarrig, absichtlich begriffsstutzig, aber immer *da*, mit ihren Zehn- und Fünfundzwanzigcentstücken, ihren untadeligen Kindern und treulich geliebten Ehegatten, errichteten sie erstens die Kirche und zweitens die Schule am Ort, zum Wohle der Gemeinschaft. Das Kind, das ich war, hat selten individualistisches Verhalten erlebt, und wenn, dann konnte ich es lange Zeit nur als Ablehnung der Gemeinschaft begreifen und nicht als Selbstbestätigung, was es sehr oft war.

Die Männer in meiner unmittelbaren Umgebung brachten ihren Frauen offenbar Liebe und Achtung entgegen; und niemand verübelte es der Frau, wenn sie mehr Initiative und Energie zeigte als ihr Mann. Mein Vater liebte den Schneid meiner Mutter und ihre Unfähigkeit zu lügen, wenn man ihr eine direkte Frage stellte. Er selbst nahm von Natur aus alles auf die leichte Schulter und hatte keine Lust, auch nur einen Teil seines Lebens auf Streitereien zu verschwenden; wenn man ihn etwas fragte, kam leicht eine »Geschichte« dabei heraus.

So sind meine Erinnerungen; aber sie sind bestimmt zu schön, um vollkommen wahr zu sein.

Als ich aufs College ging, fand ich es faszinierend, wie Frauen aus meinem Bekanntenkreis Loyalität wahrten zu Männern, die ihnen gegenüber schon längst nicht mehr loyal waren oder auch nur im geringsten daran dachten. Viele schwarze Frauen, und dazu gehörte ich auch, meinten ein Recht darauf zu haben, geliebt und gut behandelt zu werden. Dabei haben wir uns zum Glück nicht auf eine bestimmte Gruppe oder Kategorie beschränkt, auch wenn wir das gern getan hätten. Wir wollten Liebe, Respekt, Bewunderung und moralische Unterstützung. Wir waren nicht darüber erhaben, uns das überall zu holen, wo wir es finden konnten. Vielen schwarzen Frauen allerdings blieb nur die Möglichkeit, hinter unbekannten schwarzen Männern auf der Straße herzuschimpfen, die mit jemandem herumspazierten, den sie liebten, respektierten, bewunderten und bisweilen auch unterstützten – und das war häufig keine Frau und sehr häufig nicht schwarz.

Viele von diesen Frauen haben einen Haß auf Lesben, weil die sich in einem gewissen Sinn »aus der Affäre gezogen« haben. Ihnen kann es egal sein, *was* schwarze Männer tun; deren Benehmen kann ihnen mitunter sogar amüsant, wenn auch absurd vorkommen – ja, leider ahmen sie es häufig sogar nach. Es gibt einen Haß auf farbige Frauen, die einen weißen Mann heiraten oder eine Beziehung mit ihm eingehen; zusätzlich zu dem sehr realen historischen Gewicht, das solche Verbindungen aushalten müssen, wird es allgemein einfach nicht gern gesehen, wenn das Glück sich nicht ans Schema hält. Man ist rigide geworden; der lebensnotwendige Instinkt zur »Bewahrung von Rasse und Kultur« vor der Zersetzung durch Mischehen – oder, bei lesbischen Frauen, vor dem Aussterben – führt gleichzeitig zu einer Einschränkung der Wahlfreiheit. So kommt es, daß hundert ziemlich verkümmerte Blumen nur unter großen Schwierigkeiten – und oft in gewollt grausamer Isolation – blühen dürfen, während die einzige wahrhaft begehrte Blume (das heterosexuelle schwarze Ehepaar) oft von Tränen der Anpassung und des Kompromisses benetzt wird und infolgedessen nicht gedeihen kann.

Im Jahre 1973 sollte ich in Radcliff auf einem Symposion über »Die Schwarze Frau – Mythen und Realitäten« das Hauptreferat halten. Und vor dieser Versammlung der Crème de la crème der gebildeten schwarzen Frauen Amerikas (etwa zweihundert) hielt ich eine speziell für schwarze Frauen geschriebene Rede mit dem Titel »Auf der Suche nach den Gärten unserer Mütter«. Mein Hauptthema war die Zählebigkeit des künstlerischen Geistes schwarzer Frauen aus historischer Sicht. Viele Frauen mußten – so erzählten sie mir später – bei meiner Rede weinen. Sie bereiteten mir, wie *Radcliff Quarterly* schrieb, wo der Essay dann veröffentlicht wurde, stürmische »standing ovations«.

Hinterher gab es eine Podiumsdiskussion. Noch ganz berauscht von meinem Vortrag, freute ich mich auf einen Gedankenaustausch, der über das uns Verbindende von Geschichte und Überlebensgefühlen hinausgehen würde.

Ich saß mit June Jordan zusammen im Saal. Auf dem Podium waren vier oder fünf Frauen. Eine war eine bekannte Schauspielerin, eine Psychologin, eine Rechtsanwältin der Bürgerrechtsbewegung. Alle waren etwas. Ich war so aufgeregt!

June und ich hatten oft über das Elend von jungen schwarzen Frauen gesprochen, die in einem (für uns) erschreckenden Ausmaß Selbstmord begingen. Wir fanden, *das* sollte vor unseren Schwestern zur Sprache gebracht werden. Erst eine Woche zuvor war ich im Sarah Lawrence College gewesen (wo ich damals als Kuratoriumsmitglied fungierte) und bis ins letzte gräßliche Detail von dem Selbstmord einer jungen Frau unterrichtet worden. Sie war auf dem Campus das Gespött der schwarzen Männer gewesen, weil sie mit weißen Männern ausging (dabei gingen diese schwarzen Männer mit weißen Mädchen oder mit anderen schwarzen Männern aus). Sie konnte es nicht ertragen. Sie brachte sich um. In *derselben* Woche hatte sich in Radcliff eine junge Asiatin aus dem Fenster zu Tode gestürzt. Und von allen Seiten bekam ich zu hören, wie unmöglich es wurde, als junge farbige Frau zu existieren. Nonkonformismus jeder Art schien verpönt zu sein.

Was aber passierte, als June und ich das alles ansprachen, war geradezu unfaßbar. Es wurde *überhaupt nicht* auf die erhöhte Selbstmordrate bei jungen farbigen Frauen eingegangen. Stattdessen hielt man uns einen Vortrag über die Pflichten der schwarzen Frau dem schwarzen Mann gegenüber. Das Gefühl von Horror und Verrat werde ich nie vergessen, als eine Frau auf dem Podium mir (und dem Rest der hier versammelten erlauchten Gesellschaft von schwarzen Frauen) erzählte: »Es ist die Pflicht der schwarzen Frau, den schwarzen Mann zu unterstützen; *ganz gleich*, was er tut.«

Mir schoß durch den Kopf, so ein Mann könnte mir in diesem Augenblick mit dem Stiefel ins Genick treten, und diese Frau würde vorbeigehen und sagen: »Nur zu.«

Ich brach in Tränen aus; so laut hatte ich nie geweint. Zwar trocknete ich mir bald die Augen, doch im Innern hörte ich nicht auf zu weinen … vielleicht weine ich jetzt noch. Aber das ist in Ordnung; worüber ich weine, ist es wert.

Aber wirklich faszinierend war, was meine Tränen auslösten: Viele der Frauen warfen mir vor, daß ich weinte! Ich konnte es nicht fassen. Sie kamen, allein oder zu zweit, zu mir und sagten:

»Ich verstehe ja, was du sagen willst …« (Ich hab es nicht nur *gewollt*, knurrte ich zwischen den Zähnen hindurch, ich hab es *gesagt*; ihr habt bloß nicht zugehört), »aber nimms doch nicht so *schwer*!«

Oder: »Man darf sich von *niemandem* zum Weinen bringen lassen!«

Keine einzige ging auch nur mit einem Wort darauf ein, warum junge farbige Frauen sich umbringen. Die schwarze Frau, die sich nicht unterkriegen läßt, konnten sie akzeptieren, und so hatte ich sie in gewisser Weise auch in meinem Vortrag dargestellt (*den* Teil hatten sie gehört); aber für einen Kampf, der mit einer Niederlage endet, hatten sie keinerlei Verständnis. Und das hieß, daß für den Kampf an sich kein Verständnis da war, nur für das »Siegen«.

Das erinnerte mich an etwas, das mich in den Südstaaten an der Reaktion von Schwarzen auf Leute aus der »Bewegung« verwundert hatte. Ich habe sieben Jahre in Mississippi gelebt und nie ein Mitglied der Bewegung (mich selbst eingeschlossen) getroffen, das nicht irgendeinen Schaden davongetragen hätte, weil sie oder er Leben, Grundsätze oder die eigenen Kinder über lange, aufreibende Zeiträume hinweg aufs Spiel setzen mußte. Und das kann auch gar nicht anders sein. Aber irgendwie wollte die schwarze Gemeinschaft das nicht wahrhaben. Ich denke da an einen Jungen, der von weißen Rassisten ins Genick geschossen worden war und fast gestorben wäre. Als er wieder gesund war, war er wieder der alte sanfte, liebe Junge. Aber er haßte die Weißen, und das paßte damals nicht in das überhebliche Bild der Schwarzen von sich als Menschen, die stets und ständig auch die andere Backe hinhalten können. Niemand versuchte, die neue Realität im Leben dieses Jungen richtig aufzunehmen. Man sprach über ihn, als hätte er nicht weiter als bis zu diesem Schuß gelebt.

Ich kannte ein Mädchen, das an der weißen High School in ihrer kleinen Stadt »die Rassenintegration durchsetzte«. *Vier Jahre lang* hat außer den Lehrern niemand mit ihr geredet. Es gab einen weißen Jungen — von dem sie mit Verachtung sprach —, der ihr Liebesbriefe ins Fach legte. Dieses Mädchen litt unter akuten Angstzuständen. Jeden Tag ging sie, sobald sie sich von der Schule nach Hause geschleppt hatte, sofort ins Bett und blieb dort bis zum nächsten Morgen, wenn sie wieder hocherhobenen Hauptes zur Schule ging. Selbst ihre Eltern sprachen immer nur von ihrer Tapferkeit und nie davon, was sie das kostete.

Auf diesem Symposion in Radcliff wurde mir klar, daß die schwarze Frau für den schwarzen Mann mehr Loyalität aufbringt als für sich selbst. Ein gefährlicher Zustand, der konsequenterweise in selbstzerstörerischem Verhalten endet.

Aber ich habe noch etwas gelernt:

Dieselbe Frau, die auf dem Podium nicht die Selbstmordrate von jungen farbigen Frauen ansprechen wollte, erzählte mir bei der Gelegenheit auch gleich, was ihrer Ansicht nach mein »Problem« war. Sie meinte, da ich so viel von meiner Mutter spreche, sei mein Problem, daß ich »versuche, meine Mutter zu ›tragen‹, und die Last ist zu schwer für mich.«

Junge, die neben mir saß und wütend war, sich aber nicht für meine Tränen schämte, nahm mich in die Arme und sagte:

»Und warum solltest du deine Mutter nicht tragen; sie hat dich doch auch getragen, oder nicht?«

Kürzer und besser hätte man nicht antworten können.

Ich mußte kichern. Und ich weiß – solange wir kichern und weinen und uns umarmen und zu der Verantwortung stehen für die, die wir lieben und die uns geliebt haben, kann uns nichts passieren.

1979

BRIEF AN DEN BLACK SCHOLAR

Die nachfolgenden Überlegungen hatte ich der Redaktion des Black Scholar *geschickt, als Erwiderung auf einen Artikel mit dem Titel »The Myth of Black Macho: A Response to Angry Black Feminists« von Dr. Robert Staples in der Ausgabe von März/April 1979. Die Redaktion fand diese Überlegungen sowohl zu »persönlich« als auch zu »hysterisch«, um sie zu veröffentlichen. Sie schlug Änderungen vor, und ich zog den Text zurück.*

*

Es kommt nichts dabei heraus und ist reine Zeitverschwendung, Ntozake Shangé und Michele Wallace anzugreifen, weil sie euch ihrerseits im Grunde nicht angreifen. Sie bestätigen sich selbst und sagen etwas über die allgemeinen Lebensbedingungen der Schwarzen, wie sie sie kennen, und das ist ihr gutes Recht, ob sie nun aus der schwarzen Mittelklasse kommen oder nicht. Welche Mängel es in ihrer Sicht der Dinge und ihren Werken auch geben mag (und es gibt einige), so ist da doch auch ein beträchtliches Element von Wahrheit, und das erkennen schwarze Frauen und Männer überall in unserem Land. (Nicht bloß wir »zornigen schwarzen Feministinnen«, die ja sowieso in der Frauenbewegung sind – Staples zufolge nicht, weil wir intelligent und sensibel sind und Achtung vor uns selbst haben, sondern weil wir von weißen Feministinnen zu Hilfe gerufen wurden, um schwarze Männer »in die Schranken zu weisen«. Eine traurige und niederträchtige Beleidigung der für ihre Emanzipation kämpfenden schwarzen Frauen in aller Welt; diese Beleidigung taugt in dem fraglichen Essay eher dazu, die Gemüter zu erhitzen, als Licht in die Sache zu bringen.) Das Element von Wahrheit ist, daß der Sexismus (wie der Rassismus ganz allgemein und, jawohl, auch der Kapitalismus) dazu geführt hat, daß die Beziehungen zwischen schwarzen Frauen und Männern (die allen »Ismen« zum Trotz ihre eigene Seele besitzen, wie ich hoffe) in einer Krise sind. Es *gibt* Haß, Abneigung, Mißtrauen unter uns. Wenn das so weitergeht, können wir der Idee von einem schwarzen Volk, von dem unsere Mythen und Legenden, unsere Kämpfe und Siege künden, Lebewohl sagen.

Anstatt nun *gleich* darüber zu streiten, ob es in der schwarzen Gemeinschaft Sexismus gibt oder nicht (und wie könnte denn unsere Gemeinschaft ausgerechnet in dieser Hinsicht anders sein als alle anderen), schaut euch erst einmal um. Schaut euch die schwarzen Männer und Frauen an, die ihr kennt. Schaut euch eure Familie an. Schaut euch eure Brüder an – und ihre Frauen. Schaut euch eure Schwestern an – und ihre Männer. Schaut euch alle Verwandten an, die nicht in einer Partnerschaft gebunden sind, und die ihr bewundert. Schaut euch die

Kinder an. »Starke schwarze Frauen gelten in unserer Kultur nicht als weiblich.« Sind eure Töchter schwach? Halten eure Söhne die Farbe Schwarz an sich für zu »kräftig«, um weiblich zu sein? Was bedeutet das? Seht doch, was man uns erzählt: Man erzählt uns, zum Beispiel, daß *in der Tat* viele schwarze Frauen allein und unglücklich sind. Aber Shangé und Wallace werden kritisiert, weil sie sagen, wir sollten lernen, das zu genießen.

Schaut euch selbst genau an. Schaut euch genau an, wie ihr wirklich zu den Leuten steht, mit denen euch das Schicksal in seiner Gleichgültigkeit zusammengewürfelt hat. Würdet ihr euch besser fühlen, wenn ihr jemand anderes wärt? Schaut euch an, was wir einander tatsächlich *antun*. Schaut euch an, was wir tatsächlich *sagen*. Schaut euch um, als ob da keine Weißen wären, denen ihr imponieren wollt. Seid euch bewußt, daß wir, wenn wir nicht *uns gegenseitig* imponieren können, etwas Wertvolles verloren haben, das wir einst besaßen.

Und jetzt seid ihr in der richtigen Verfassung, um Ntozake Shangés Theaterstück* zu sehen. Toll in Form, um ein Bierchen zu trinken (man braucht halt immer was, wenn man seine Verwandten zu sehen bekommt) und das Buch von Michele Wallace zu lesen. Versucht nicht daran zu denken, was sie für einen Erfolg haben. Versucht auszuklammern, daß Shangé soviel Geld gemacht hat. Seid nicht sauer, daß sie so schön schreibt, mit so viel Mut und Verletzlichkeit. Laßt euch nicht verleiten, ihr den Publikumsandrang in Marin und Scarsdale

---

* For Colored Girls Who Have Considered Suicide, When The Rainbow Is Enuf

zum Vorwurf zu machen. Denkt daran, wenn ihr könnt, sie wußte ja nicht, daß die Leute kommen würden.

Seid nicht kleinlich.

Wir waren ein Volk.
Was sind wir jetzt?
Und für wie lange?

Nachdem ich dies gesagt und, hoffentlich, deutlich gemacht habe, daß ich den Artikel von Staples überhaupt nicht nützlich finde, es sei denn als Erinnerung, was wir noch für einen weiten Weg vor uns haben (den *ganzen* Weg offenbar), möchte ich noch etwas hinzufügen.

Eine große Schwäche von mir, die mir bei dem Buch von Michele Wallace klarer wird denn je, ist die tiefe Abneigung dagegen, andere schwarze Frauen zu kritisieren. Ich fühle mich wohler, wenn ich sie loben kann. Gewiß gibt es keine Gruppe, die mehr Lob verdient hat, andererseits steht aber auch keiner anderen Gruppe mehr Gerechtigkeit zu, und eine gute Kritik muß, wie ich glaube, reine Gerechtigkeit sein.

Es gibt in dem Buch von Michele Wallace viel Gutes, das (auch wenn es nicht so originell ist, wie sie glaubt) uns sehr nützen kann, wenn wir es nur *wahrhaben* wollen. Zum Beispiel ist es wirklich so, daß eine Frau – wenn sie nicht sehr alt und fett ist – in jedem schwarzen Ghetto in Amerika Gefahr läuft, beleidigt und angemacht zu werden. Schwarze Männer reden uns an wie Hunde: »Hey, Braunjacke!« »Komm mal her, Schwarzkittel!« »Hey, Mädchen! Süße! Willst nicht reden, hä? Mußt mal ordentlich durchgefickt werden! Zicke.« Das alles habe ich in den letzten zwei Tagen beim Einkaufen zu hören gekriegt. Nun versuch mal, vor Leuten Achtung zu haben, die so mit dir reden. Seht euch doch an, worüber wir im Fernsehen lachen: Es stimmt schon, wenn Wallace sagt, daß die schwarzen Männer es schmerzhaft deutlich gemacht haben, daß sie – wie Redd Foxx es ausgedrückt hat – lieber eine Raquel Welsh im Schlafzimmer hätten als eine Shirley Chisholm im Weißen Haus. Was könnte sexistischer und erbärmlicher sein? Und seht euch die Ignoranz schwarzer Männer in Bezug auf schwarze Frauen an. Obwohl schwarze Frauen gewissenhaft jeden männlichen schwarzen Schriftsteller lesen, der des Weges kommt (und schwarze Frauen gewöhnlich als Hexen und Zauberinnen darstellt), haben nur wenige schwarze Männer irgendein Interesse daran gezeigt, schwarze Schriftstellerinnen zu lesen. Was schwarze Frauen betrifft, sind sie total im Bild. In dieser Hinsicht hat sich auch Michele Wallace schuldig gemacht. Sie zeigt in ihrem Buch ständig die Ignoranz der Männer auf, aber für ihre eigene Untersuchung hat sie hauptsächlich weiße und schwarze männliche Schriftsteller ausgewählt. Und obwohl sie vor Erscheinen des Buches darauf hingewiesen wurde, hielt sie die männliche Version der Realität für ausreichend. Zum Schluß mischte sie zwar noch Ntozake Shangé, Toni Morrison, Angela Davis und Nikki Giovanni mit darunter, doch bleibt es für die Leser ein Rätsel, was wir von ihnen zu halten haben, denn die Klischees, die sie auf jede dieser Frauen anwenden will, können unmöglich für kreative, nachdenkliche, sich bewegende und entwickelnde Menschen gelten, ganz zu schweigen von Menschen, die noch zusätzliche Entwicklungsmöglichkeiten haben, weil sie schwarze Frauen sind.

Der Satz in Wallaces Buch, bei dem schwarze Frauen am häufigsten vom Schlag getroffen werden, ist der: »Ich glaube, die schwarze Frau empfindet ihre Geschichte und ihre Situation als eine Wunde, die sie anders und somit besonders macht und sie damit menschlicher Verantwortung enthebt.« Wie die Mehrzahl der schwarzen Frauen in Amerika höre ich es mit dem größten Vergnügen, wenn eine andere schwarze Frau sagt, was sie denkt und eine eigene Meinung äußert, aber das ist – selbst im Zusammenhang betrachet – ein starkes Stück. In welcher Hinsicht sind wir nicht verantwortlich gewesen? Wie waren wir enthoben? In dieser Aussage scheint mir die Kritik so auf die Spitze getrieben, daß man sich nicht vorstellen kann, worauf sich das eigentlich bezieht.

Die einzige Stelle in Wallaces Buch, die ich streichen lassen wollte (abgesehen davon, daß ich der Autorin selbst Briefe schrieb: allesamt ignoriert, soweit ich das in dem Buch sehe), ist diese:

Aus dem verschlungenen Netz der Mythologie, mit dem die schwarze Frau umgeben ist, tritt eine Grundgestalt hervor. Das ist die Frau von ungezügelter Kraft und mit der Fähigkeit, ein ungewöhnliches Maß an Leid und schwerer, widerlicher Arbeit zu ertragen. Diese Frau hat nicht die gleichen Ängste, Schwächen und Unsicherheiten wie andere Frauen, sondern hält sich für emotional stärker als die meisten Männer und ist es auch in der Tat. Weniger Frau, weil sie weniger »weiblich« und hilflos ist, ist sie in Wirklichkeit *mehr* Frau, weil sie die Verkörperung der Mutter Erde ist, das Urbild der Mutter mit unbegrenzten sexuellen, lebensspendenden und nährenden Reserven. Mit anderen Worten, sie ist eine Superfrau.

Dieses Image ist im Grunde all die Jahre hindurch im wesentlichen intakt geblieben; selbst die vereinzelten schwarzen Schriftstellerinnen oder Politikerinnen haben es nicht infrage gestellt. (Hervorhebung von mir. A.W.)

Ihr Lektorat bat mich um ein paar lobende Worte für das Buch. Ich sagte zu, aber nur, wenn dieser Absatz gestrichen würde. »Das ist eine Lüge«, sagte ich. »Ich kann nicht für Politikerinnen sprechen, aber ich kann doch sicher für mich selbst sprechen. Ich hacke nun schon seit Jahren auf diesem Klischee herum, und viele andere schwarze Schriftstellerinnen auch.« Ich dachte nicht bloß an Meridian, sondern an Janie Crawford, an Pecola, Sula und Nell, an Edith Jackson, und in Gottes Namen auch an Iola LeRoy und Megda. (Von schwarzen Schriftstellerinnen geschaffene Figuren, die Ms. Wallace unbekannt sind; eine solche Ignoranz kann man nur bei Leuten hinnehmen, die keine Bücher über schwarze Frauen schreiben.) »Fünfzigtausend schwarze Frauen werden Sie wegen dieser Stelle anrufen«, tobte ich weiter.

Es war zu spät. Man hatte offensichtlich auch alles andere, was ich gesagt hatte, nicht beachtet. Meine früheren »Empfehlungen« waren überhaupt nicht genutzt worden. Und vielleicht war es richtig, daß das Lektorat und Wallace sich nicht beirren ließen. Die fünfzigtausend schwarzen Frauen haben es bislang noch nicht einmal fertiggebracht, in Beschwerdebriefen an *Ms.* (wo ein Auszug aus dem Buch erschien), ihre Einwände geltend zu machen. Ich allerdings habe Briefe und auch Telefonanrufe bekommen, als wäre ich dafür verantwortlich, daß die üblen Stellen von *Black Macho* verschwinden.*

Das kann jetzt niemand mehr bewirken. Wir können aber auch nicht ständig an dem Schlechten herumnörgeln, ohne die vielen Wahrheiten in den guten Teilen des Buches zu sehen. Und es *gibt* gute Stellen darin. Es ist ein Buch, das zwar nicht fundiert oder hellsichtig oder auch nur ehrlich genug ist, um »wegweisend für die achtziger Jahre zu sein«, aber trotzdem dazu beitragen kann, unserem Denken einen Weg zu weisen. Es ist, kurz gesagt, Ausdruck der Realität einer *bestimmten* schwarzen Frau. Und ich bleibe bei meiner Überzeugung, daß ein jeder solcher Ausdruck (der aber bitte nicht bis zur Selbstverachtung und Verachtung für andere gehen sollte) seinen Wert hat und uns auf lange Sicht mehr nützt als schadet.

1979

* Vermutlich deshalb, weil ich damals Redakteurin bei *Ms.* war und für jeden Artikel von Schwarzen verantwortlich gemacht wurde, der dort erschien, obwohl ich den Text von Wallace nicht lektoriert hatte.

BRÜDER UND SCHWESTERN

●

Wir lebten in den fünfziger Jahren auf einer Farm im Süden, und meine Brüder – die vier, die ich kannte (der fünfte war von zu Hause weggegangen, als ich drei Jahre alt war) – durften zuschauen, wenn das Vieh gepaart wurde. Das war nichts Ungewöhnliches, wie es auch nicht als ungewöhnlich galt, daß meine ältere Schwester und ich mißbilligende Blicke ernteten, wenn wir in aller Unschuld fragten, was da vor sich ging. Einer von den Brüdern erklärte uns eines Tages den Paarungsvorgang mit den Worten, die mein Vater ihm dafür gegeben hatte: »Der Bulle kriegt ein bißchen was an seinen Stengel«, sagte er. Dabei lachte er. »Welchen Stengel?« wollte ich wissen. »Wo hat er den her? Wie hat er ihn aufgelesen? Wo hat er ihn hingetan?« Alle meine Brüder lachten.

Ich glaube, meine Mutter stellte sich das Aufziehen einer großen Familie mit fünf Jungen und drei Mädchen so vor, daß der Vater die Jungen und die Mutter die Mädchen »aufklären« sollte, wie man so schön sagt. Also lief mein Vater herum und erzählte von Bullen, die etwas an ihren Stengel kriegen, und sie lief herum und sagte, Mädchen brauchen von solchen Dingen nichts zu wissen.

Mädchen waren »weibisch«* (und das war damals etwas ganz Schlimmes), wenn sie fragten.

Der Punkt war, daß das Zuschauen bei der Paarung meine Brüder in einen Zustand zielloser Lüsternheit versetzte, der ebenso gefährlich wie unbeabsichtigt war. Sie wußten genug um zu wissen, daß Kühe Monate nach der Paarung Kälber zur Welt brachten, aber sie waren nicht helle genug, um zwischen Frauen und ihren Sprößlingen auch so einen Zusammenhang zu sehen.

Wenn ich manchmal so zurückdenke, meine ich, ich habe eine ungewöhnlich schwere Kindheit gehabt. In Wirklichkeit aber passierte alles Schreckliche, das mir zu passieren schien, gar nicht *mir*, sondern meiner großen Schwester. Ich hatte eine unglaubliche Fähigkeit, in Gegenwart von Leuten, die ich nicht mochte, einfach nicht vorhanden zu sein, was mich unsichtbar machte (außerdem konnte ich geistig abwesend erscheinen, wenn ich es durchaus nicht war), und so blieben mir die Demütigungen erspart, denen meine Schwester ausgesetzt war, obwohl ich sie gleichzeitig bis in alle Einzelheiten mitfühlte. Es war, als litte sie zu meinen Gunsten, und ich schwor mir schon früh, daß mir nichts von dem, was ihr das Leben so schwer machte, passieren würde.

Daß sie bei offiziellen Paarungen nicht zugelassen war, hieß nicht, daß sie keine zu sehen bekam. Während meine Brüder mit meinem Vater zu den Paarungsboxen auf der anderen Straßenseite bei der Scheune gingen, bezog sie Posten beim Schweinestall oder lief hinter unseren vielen Hunden her, bis sie in Paarungslaune waren, oder beobachtete, wenn es da nichts zu sehen gab, die

* »womanish«, s. S. 7

139

Hühner. Auf einer Farm ist es unmöglich, Sexualität *nicht* zu bemerken, nicht neugierig zu sein, nicht zu träumen ... aber mit wem sollte sie über das sprechen, was sie empfand? Nicht mit meinem Vater, der alle jungen Frauen für pervers hielt. Nicht mit meiner Mutter, die so tat, als wären ihre Kinder alle auf Baumstümpfen gewachsen, die sie auf wundersame Weise im Wald gefunden hatte. Nicht mit mir, die dieses Lügenmärchen immer hingenommen hatte.

Wenn meine Schwester ihre Periode hatte, trug sie einen dicken Packen von Stofflappen zwischen den Beinen. Er stand vorne heraus wie ein Penis. Die Jungen lachten sie aus, wenn sie sie bei Tisch bediente. Da ihr nichts besseres einfiel, und weil unsere Eltern nicht im Traum daran dachten, etwa *anzusprechen,* was da vor sich ging, kicherte sie dann nervös über sich selbst. Ich haßte sie für dieses Kichern, und es waren die Momente, wo ich sie für dämlich hielt. Sie beklagte sich nie, aber sie fing an, merkwürdige Ohnmachtsanfälle zu bekommen, wenn sie ihre Periode hatte. Sie hatte das Gefühl, ihr wollte der Kopf zerspringen, sagte sie, und alles, was sie aß, kam ihr wieder hoch. Und ihre Krämpfe waren so schlimm, daß sie sich nicht auf den Beinen halten konnte. Jeden Monat mußte sie mehrere Tage gezwungenermaßen im Bett verbringen.

Mein Vater erwartete von allen seinen Söhnen, daß sie Sex mit Frauen hätten. »Wie die Bullen«, sagte er, »*braucht* ein Mann das, daß er ein bißchen was an seinen Stengel kriegt.« Und so gingen sie Samstag abends ab in die Stadt, auf Mädchenfang. Meine Schwester durfte selten allein in die Stadt gehen, und wenn ihr Kleid in der Taille zu eng saß, oder wenn der Ausschnitt zu tief unters Schlüsselbein gerutscht war, mußte sie zu Hause bleiben.

»Aber warum darf ich nicht auch gehen«, jammerte sie dann, und ihr Gesicht war verzerrt von der Anstrengung, nicht zu heulen.

»Deine Brüder sind Jungen, *deshalb* dürfen sie gehen.«

Natürlich, wenn sich die Gelegenheit bot, ließ sie sich gerne mit Jungen ein. Aber wenn das herauskam, bekam sie Prügel und wurde in ihr Zimmer eingesperrt.

Ich ging sie dann besuchen.

»Straight Pine«*, sagte sie, »du weißt ja nicht, was das für ein *Gefühl* ist, wenn du von einem Mann geliebt werden willst.«

»Und wenn man sich sowas dafür einhandelt, werd ichs auch nie erfahren«, sagte ich, mit der – wie ich hoffte – richtigen Mischung von Mitleid und Abscheu.

»Männer riechen so gut«, flüsterte sie verzückt. »Und wenn sie dir in die Augen sehen, schmilzt du nur so dahin.«

Da an Männer so schwer heranzukommen war, fand sie natürlich fast jeden hinreißend.

»Oh, dieser Alfred!« So schmachtete sie dann nach irgendeinem ganz gewöhnlichen Kerl mit Quadratschädel. »Er ist so *süß*!« Und damit zog sie das häßliche Bild von ihm aus dem Busen und küßte es.

Mein Vater drohte ihr immer, sich ja nicht zu Hause blicken zu lassen, falls sie schwanger wäre. Meine Mutter hielt ihr ständig vor Augen, daß Abtreibung eine Sünde ist. Sie wurde zwar nie schwanger, doch ihre Periode

* Ein Pseudonym

kam später manchmal monatelang nicht. Aber die Schmerzen blieben, und sie blieben immer gleich. Sie ließ sich von dem ersten Mann erobern, der sie genügend liebte, um sie zu schlagen, wenn sie einen anderen anschaute, und als ich noch zur High School ging, heiratete sie ihn.

Von meinem fünften Bruder, den ich nicht kannte, hieß es, er sei anders als der Rest. Er hatte die Paarungen nicht gemocht. Er wollte nicht dabei zuschauen. Er meinte, die Kühe sollten die Wahl haben. Mein Vater konnte ihn nicht leiden, weil er so empfindsam war. Meine Mutter trat für ihn ein. »Jason ist einfach weichherzig«, sagte sie auf eine Art, die mir zu erkennen gab, daß er ihr Liebling war. »Das hat er von mir.« Es stimmte, meine Mutter weinte über beinahe alles.

Wer war dieser älteste Bruder? Ich wollte es wissen.

»Also«, sagte meine Mutter, »er war jemand, der dich immer liebhatte. Er war natürlich schon groß, als du geboren wurdest, und ging auch schon selbst arbeiten. Er arbeitete in einer Baukolonne beim Straßenbau. Bevor er morgens wegging, kam er immer zu dir ins Zimmer und hob dich hoch und gab dir ganz dicke Küsse. Er hat dich angesehen und einfach nur gelächelt. Schade, daß du dich nicht an ihn erinnern kannst.«

Das fand ich auch.

Bei der Beerdigung von meinem Vater lernte ich meinen ältesten Bruder schließlich kennen. Er ist groß und schwarz, hat dichtes graues Haar und ein jugendliches Gesicht. Ich schaute zu, wie meine Schwester um meinen Vater weinte, bis sie vor Schmerz zusammenbrach. Ich sah meine Brüder schluchzen und sich gegenseitig versichern, was er für ein toller Vater gewesen war. Mein ältester Bruder und ich haben keine einzige Träne vergossen. Als ich vom Grab meines Vaters fortging, kam er zu mir und stellte sich vor. »Du mußt doch nicht alleine gehn«, sagte er und nahm mich in die Arme.

Einer von fünf ist nicht *allzu* schlecht, dachte ich, und schmiegte mich an ihn.

Wie einmalig er wirklich ist, habe ich jedoch erst vor kurzem entdeckt: Er ist der einzige von meinen Brüdern, der sich für alle seine Kinder verantwortlich fühlt. Die anderen vier haben alle Kinder gezeugt, als sie damals vor zwanzig Jahren Samstag abends auf die Pirsch gingen. Kinder – meine Nichten und Neffen, die ich womöglich niemals kennenlernen werde –, die sie nicht als ihre Kinder anerkennen, für die sie nicht sorgen, und die sie noch nicht einmal sehen.

Erst als ich mich mit den Ideen der Frauenbefreiung auseinandersetzte, konnte ich meinen Vater verstehen und ihm verzeihen. Ich brauchte ein Gedankengebäude, das sein Verhalten in einen Zusammenhang stellte. Die schwarze Bewegung hatte mir ein Gedankensystem gegeben, mit dessen Hilfe ich mir seinen Colorismus erklären konnte (er hat sich *in der Tat* auch deshalb in meine Mutter verliebt, weil sie so hell war; das hat er nie bestritten). Der Feminismus half mir, seinen Sexismus zu erklären. Es war eine Erleichterung für mich, daß sein sexistisches Verhalten nichts Einmaliges und nur ihm eigenes war, sondern eine Imitation allgemeinen gesellschaftlichen Verhaltens.

Alle parteiischen Bewegungen tragen zu unserem besseren Verständnis der Gesellschaft als Ganzes bei. Sie schmälern es nie; oder man darf jedenfalls nicht zulassen, daß sie es tun. Eine Erfahrung kommt zur anderen. »Je mehr, desto besser«, wie Flannery O'Connor und Eudora Welty gesagt haben, wobei die eine von der Ehe sprach, die andere vom Katholizismus.

Ich brauchte meinen Vater und meine Brüder dringend als männliche Vorbilder, die ich achten konnte, da weiße Männer (zum Beispiel wegen ihrer besonderen Eignung für diese Art von Vergleich) im Film wie im wirklichen Leben mir den Mann als Herrscher anboten, als Killer und durchweg als Heuchler.

Mein Vater hat versagt, weil er die Heuchelei übernahm. Und meine Brüder haben – außer einem – nie begriffen, daß sie für mich die Hälfte der Welt darzustellen hatten, wie ich für sie die andere Hälfte darzustellen hatte.*

1975

---

* Seit ich diesen Essay geschrieben habe, haben meine Brüder allen ihren Kindern ihren Namen, die Anerkennung ihrer Vaterschaft und eine gewisse Unterstützung angeboten.

SILVER WRITES

Es ist wahr –
ich liebe immer schon
die wagemutigen
Wie diesen schwarzen jungen
Mann
Der versucht hat
Alle Schranken
gleichzeitig zu
durchbrechen und
schwimmen wollte
An einem weißen
Strand (in Alabama)
Nackt.

Von allen Gedichten, die ich geschrieben habe in jener
Periode intensivsten Kampfes für die Civil Rights* (in
den frühen Sechzigern) bleibt dieses (aus: *Once*) mir das

---

* Ältere Schwarze gaben sich alle Mühe damals, möglichst viel an *exakter* Poesie einfließen zu lassen in diesen hauptsächlich von weißen Beamten geschaf-
fenen Begriff (wohl aber die Macht anerkennend, die hinter den Formulierungen der meisten Gesetze Amerikas steht), wenn sie diese Wörter mit
einer verstehenden Inbrunst, Ironie und Einsicht aussprachen, so daß man
etwas *hörte* wie: »Silver writes«.

liebste. Ich liebe es, weil es einen Moment zeigt, als ich etwas Wichtiges über mich selber erkannte, und über meine eigenen Motive, mitzuwirken in einer historischen, zutiefst revolutionären Bewegung für die Veränderung des Menschen. Es zeigt auch, warum der Begriff »Civil Rights« niemals die revolutionären Ziele der Schwarzen zutreffend auszudrücken vermochte; denn er vermochte nie, unsere Sehnsucht und unsere Träume zutreffend auszudrücken, oder die der Nicht-Schwarzen, die unter uns standen. Und weil er, als Begriff, aller Farbigkeit entbehrte.

Kurz gesagt, auch wenn ich *hohe* Achtung habe vor der Civil Rights Movement, so habe ich den Begriff selbst doch niemals geliebt. Er hat keine Musik, er hat keine Poesie. Er läßt uns an Bürokraten denken, nicht an verschwitzte Gesichter, leuchtende Augen und große – für *Freiheit!* – marschierende Füße. Nein, er läßt vielmehr an blecherne Aktenschränke denken, und an langweilige Schreibtischarbeit.

Dies kommt daher, weil der Begriff »Civil Rights« nicht aus der Kultur der Schwarzen entstanden ist, sondern aus der amerikanischen Gesetzgebung. Insofern ist er ein Begriff der Einschränkung. Er bezeichnet nur physische Möglichkeiten – notwendige und kostbare, gewiß –, aber nicht den Geist. Auch wenn er die Zusicherung größerer Freiheiten verheißt, beengt er doch jenen Bereich, wo die Menschen diese zu finden hoffen. Kein Wunder also, daß »Black Power«, »Black Panther Party« und sogar »Mississippi Freedom Democratic Party« und »Umoja« immer so viel besser klangen, so *gui generis,* auch wenn sie am Ende (vielleicht) weniger erreicht haben.

Beim Lesen der Gedichte, besonders aus dieser Zeit, zeigt sich dies deutlich. Die Gedichte zeigen, wie die Lieder jener Zeit, eine völlig andere *Qualität der Phantasie und des Geistes,* als der Begriff »Civil Rights« sie bezeichnet. Die Gedichte sind voll von Protest und »zivilem Ungehorsam«, ja, aber sie sind auch voll von Verspieltheit und Schrulligkeit, von Begeisterung für die Weltfamilie und das kosmische Meer – voll von vielen nackten Menschen, die sich sehnen danach, frei zu schwimmen.

1982

Nur Gerechtigkeit kann einen Fluch aufhalten

An den Mann-Gott: O Großer, mir ist von meinen Feinden böse Schmach angetan und Lästerliches und Unwahres ist mir nachgesagt worden. Man hat mir meine guten Gedanken und ehrlichen Taten zu bösen Taten und unehrlichen Gedanken verkehrt. Mein Heim ist geringschätzig behandelt, meine Kinder sind verflucht und mißhandelt worden. Meine Lieben sind verleumdet, und ihre Tugend ist angezweifelt worden. O Mann-Gott, ich bete zu dir, daß dies, worum ich bitte, meinen Feinden geschehe:
Möge der Südwind ihre Leiber versengen und welken lassen, und möge er sich niemals mäßigen. Möge der Nordwind ihr Blut erstarren und ihre Muskeln erlahmen lassen und sich niemals mäßigen. Möge der Westwind ihren Lebensodem fortblasen und ihr Haar nicht wachsen lassen, und mögen ihre Fingernägel abfallen und ihre Knochen zerbröckeln. Möge der Ostwind ihre Seelen verdunkeln und ihnen ihr Augenlicht nehmen und ihren Samen vertrocknen lassen, auf daß sie sich niemals mehren sollen.
Ich bete darum, daß die Väter und Mütter aus früheren Generationen nicht vor dem Großen Thron Für-

bitte für sie leisten mögen, und die Schöße der Frauen sollen keine Frucht tragen, es sei denn von Fremden, und sie sollen aussterben. Ich bete darum, daß kommende Kinder schwach im Geiste und lahm in den Gliedern seien und daß sie selbst sie verdammen mögen, darum daß sie ihnen den Lebensodem gegeben haben. Ich bete darum, daß Krankheit und Tod auf ewig mit ihnen seien und daß ihre weltlichen Güter nicht gedeihen und ihr Getreide sich nicht vermehren und ihre Kühe und ihre Schafe und ihre Schweine und all ihre lebenden Tiere des Hungers und Durstes sterben mögen. Ich bete darum, daß das Dach von ihrem Haus falle, und daß der Regen, der Donner und der Blitz den innersten Winkel ihrer Behausung finden mögen und daß das Fundament zerbreche und die Fluten es zerschellen lassen. Ich bete darum, daß die Sonne ihre Strahlen nicht mildtätig auf sie lege, sondern auf sie herniederschlage und sie verbrenne und zerstöre. Ich bete darum, daß der Mond ihnen nicht Frieden gebe, sondern sie verspotte und sie schlecht mache und ihre Seelen schrumpfen lasse. Ich bete darum, daß ihre Freunde sie betrügen und ihnen Verlust von Macht, von Gold und von Silber bewirken, und daß ihre Feinde sie schlagen mögen, bis sie um Gnade bitten, die ihnen nicht gewährt werden soll. Ich bete darum, daß ihre Zungen vergessen mögen, in süßen Worten zu sprechen, und daß sie gelähmt sein sollen und daß rings um sie Verwüstung, Einsamkeit und Tod sein soll. O Mann-Gott, ich bitte dich hierum, denn sie haben mich in den Staub gezogen und meinen guten Namen zerstört; mein Herz zerbrochen und gemacht, daß ich den Tag verfluche, an dem ich geboren bin. So sei es.

Dies ist ein Fluchgebet, das Zora Neale Hurston in den zwanziger Jahren dieses Jahrhunderts in ihre Sammlung aufnahm. Schon damals war es alt. Ich habe es oft bestaunt: die Präzision seiner Wut, die Absolutheit seiner Bitterkeit, seinen schieren Haß auf die Feinde, die es verdammt. Es ist das Fluchgebet eines Menschen, der bereitwillig, fast glücklich, Selbstmord begehen könnte, wenn das bedeuten würde, daß auch seine Feinde sterben würden. Auf entsetzliche Weise.

Ich bin sicher, es war eine Frau, die dieses Fluchgebet zum ersten Mal gebetet hat. Und ich sehe sie vor mir – schwarz, gelb, braun oder rot. »Aboriginal«, wie die Ureinwohner von Südafrika und Australien und anderen von Weißen überfallenen, enteigneten und besetzten Ländern genannt werden. Und ich glaube, mit Staunen, daß das Fluchgebet dieser farbigen Frau – die dem Hunger ausgesetzt, versklavt, erniedrigt und gleichgültig zu Tode getrampelt wurde – sich im Lauf der Jahrhunderte erfüllen wird. Wie viele andere farbige Urvölker in der ganzen Welt, die versuchten, dem weißen Mann klarzumachen, welche Zerstörung die unvermeidliche Folge der Ausbeutung ihrer geheiligten Erde durch den Uranabbau wäre, so scheint auch diese Frau – zusammen mit Millionen und Milliarden in Vergessenheit geratener Schwestern, Brüder und Kinder – solch ungeheure Energie in ihre Hoffnung auf Rache gelegt zu haben, daß ihr Fluch offenbar drauf und dran ist, diese Rache herbeizuführen. Und von dieser Hoffnung auf Rache lebt meiner Meinung nach letztendlich der Kern des Widerstands vieler farbiger Menschen gegen die Anti-Atombewegung unserer Tage.

Für mich jedenfalls besteht folgendes Problem:

Wenn ich mir das ungeheure Ausmaß der Verbrechen des Weißen Mannes gegen die Menschheit vor Augen halte, gegen die Frauen, gegen jeden lebendigen Farbigen, gegen die Armen, gegen meine Mutter und meinen Vater, gegen mich selbst ... Wenn ich bedenke, daß er mir in diesem Augenblick das bißchen Freiheit, das ich unter Einsatz meines Lebens erreicht habe, nehmen will, indem er mir mein Stimmrecht verweigert ... Daß er mir bereits Ausbildung, Arznei, Wohnung und Nahrung genommen hat ... Daß William Shockley in diesem Augenblick sagt, daß er für den Senat meines Landes kandidieren will, um seine Theorie zu propagieren, daß Schwarze genetisch minderwertig seien und sterilisiert werden sollten ... Wenn ich bedenke, daß er und sie alle eine reale und gegenwärtige Gefahr für mein Leben und das Leben meiner Tochter, meines Volkes sind, dann denke ich – in vollkommener Übereinstimmung mit meiner Schwester von vor langer Zeit: *Laß die Erde mit Gift getränkt werden. Laß die Bomben wie Regen zur Erde fallen. Denn nichts als die völlige Zerstörung wird ihnen jemals eine Lehre sein.*

Und vielleicht wäre es ohnehin gut, der Gattung Mensch ein Ende zu machen, anstatt den Weißen Mann fortfahren zu lassen, sie zu unterjochen und ihn damit fortfahren zu lassen, nicht nur unseren Planeten, sondern auch den Rest des Universums voller Gier zu beherrschen, auszubeuten und zu plündern, was seine klare und oft bekundete Absicht ist, wobei er seine Arroganz und seinen Abfall nicht nur auf dem Mond hinterläßt, sondern auch an jedem anderen Ort, den er erreicht.

Wenn wir die Sterne, die Planeten und den Rest der Schöpfung wahrhaft lieben, müssen wir alles tun, was wir können, um die Weißen von dort fernzuhalten. Sie, die sich selbst zu unseren Repräsentanten dem restlichen Universum gegenüber erklärt haben. Sie, die niemals einem neuen Wesen begegnet sind, ohne es auszubeuten, zu mißbrauchen oder zu zerstören. Sie, die sagen, wir Armen (Weiße eingeschlossen) und wir Farbigen und wir Frauen und wir Alten ruinierten unsere Nachbarschaft, während sie Welten ruinieren.

Was sie dem Alten angetan haben, werden sie dem Neuen auch antun.

Unter dem Weißen Mann würde jeder Stern ein Südafrika werden, jeder Planet ein Vietnam.

Uns selbst tödlich zu verstrahlen, könnte in der Tat die einzige Möglichkeit sein, andere vor dem zu bewahren, was die Erde schon geworden ist. Und dieser Gedanke sollte meiner Meinung nach von jedem von uns ernsthaft erwogen werden.

Doch ebenso wie die Sonne auf Gerechte und Ungerechte gleichermaßen scheint, so auch die Radioaktivität. Und mit diesem Wissen wird es zunehmend schwerer, an dem Gedanken Gefallen zu finden, alles auszulöschen, allein um der vermuteten Genugtuung willen, sich – aus dem Grab heraus – gerächt zu haben. Oder auch nur, unser Dahinscheiden als Planet zu akzeptieren als eine einfache und vorbeugende Medizin, die dem ganzen Universum verordnet wird. Das Leben ist besser als der Tod, meine ich, wenn auch nur, weil es weniger langweilig ist, und weil es darin frische Pfirsiche gibt. Auf jeden Fall ist die Erde meine Heimat – wenn auch weiße Menschen jahrhundertelang versucht haben, mir einzureden, daß ich keine Daseinsberechtigung habe, außer in den schmutzigsten, dunkelsten Winkeln des Erdballs.

So laßt mich euch versichern: ich beabsichtige, meine Heimat zu schützen. Und ich bete dabei – kein Fluchgebet – allein um die Hoffnung, daß mein Mut meiner Liebe nicht nachstehen wird. Sollte jedoch durch irgendein Wunder und all unser Bemühen die Erde verschont bleiben, dann wird nur Gerechtigkeit jedem lebenden Ding gegenüber (und jedes Ding lebt) die Menschheit retten.

Noch sind wir nicht gerettet.

Nur Gerechtigkeit kann einen Fluch aufhalten.

1982

Atomarer Wahnsinn:
Was du dagegen tun kannst

Nuclear Madness ist ein Buch, das du sofort lesen solltest. Vor dem Zähneputzen. Vor dem Vögeln. Vor dem Mittagessen. Die Verfasserin ist Helen Caldicott (unterstützt von Nancy Herrington und Nahum Stiskin), eine Australierin, Kinderärztin und Mutter von drei Kindern. Es ist ein kurzes, ernstes Buch über die Wahrscheinlichkeit einer Atomkatastrophe noch zu unseren Lebzeiten, hervorragend durchdacht, lesbar und bedrükkend, wie es sich für ein Buch gehört, das für Nicht-Atomfachleute geschrieben ist, was fast alle Amerikaner sind.

Helen Caldicott war sechs Jahre alt, als die Atombombe über Hiroshima abgeworfen wurde, und bezeichnet sich als Kind des Atomzeitalters. Sie ist, wie viele von uns, mit der Bedrohung durch einen Atomkrieg aufgewachsen. Sie erinnert sich noch an die fünfziger Jahre, als man Studenten beibrachte, beim Ertönen der Luftschutzsirene unter den Tisch zu kriechen, und Tausende von Amerikanern sich Atombunker bauten.

In den sechziger Jahren wurden viele Leute durch die politischen Morde, die Bürgerrechtsbewegung und den Vietnamkrieg von ihrer Besorgnis über die Atomwaffen abgelenkt und wandten sich Problemen zu, bei denen sie das Gefühl hatten, da könnten sie etwas tun. Das Pentagon aber hielt, wie Helen Caldicott feststellt, zielstrebig an seinem eingeschlagenen Kurs fest und baute Jahr für Jahr größere und »bessere« Bomben.

Irgendwann in den sechziger Jahren sagte der damalige Verteidigungsminister Robert McNamara, in den Vereinigten Staaten und der Sowjetunion gäbe es zusammengenommen bereits etwa vierhundert Atombomben, genug, um Millionen von Menschen auf beiden Seiten umzubringen, was in seinen Augen eine wirksame »Abschreckung« vor einem Atomkrieg darstellte. Für das Pentagon und den Kreml war das aber offenbar noch nicht genug, und so besitzen die beiden »Supermächte« zusammen heute ungefähr *fünfzigtausend* Bomben.

Und das bedeutet, daß die USA und die UdSSR im wahrsten Sinne des Wortes nicht mehr wissen, wohin mit ihren Bomben: Also haben sie auf jede Stadt der nördlichen Hemisphäre mit mehr als 25.000 Einwohnern jeweils so viele Bomben gerichtet, wie sie früher bereithielten, um ganze Länder auszulöschen. Du drückst deine Zahnpasta aus der Tube, küßt deinen Liebsten oder beißt in ein Truthahn-Sandwich – und stehst dabei die ganze Zeit auf der atomaren Abschußliste der Supermächte, einer Abschußliste, die von Leuten stammt, die sich in der Geschichte bisher noch nie zurückhalten konnten, mit jeder neuen schändlichen Höllenmaschine, die sie herstellen, herumzuprotzen.

Helen Caldicott ist nun schon seit mehreren Jahren von ihrer Arbeit am Harvard Medical Center freigestellt und widmet sich ganz dem, was sie »Präventivmedizin« nennt. Sie reist durch die Welt und versucht, den Menschen bewußt zu machen, in welcher Gefahr wir schweben. Ihre Medizin ist bitter, wie fast jede Medizin, aber ihrer Meinung nach nicht so bitter, wie hilflos zusehen zu müssen, wenn ihre kleinen Patienten an Krebs und genetisch bedingten Krankheiten leiden und sterben, Krankheiten, die unmittelbar auf die chemischen Schadstoffe zurückgehen, die bei der Produktion von Kernenergie zwangsläufig entstehen.

Die Atomindustrie – mächtig, profitorientiert und in keiner Weise an unserer Gesundheit interessiert – ist unter Beihilfe und Begünstigung einer Regierung, die ihr in nichts nachsteht, Tag für Tag dabei, uns und unsere Kinder zu ermorden. Und es liegt an uns, an jedem einzelnen von uns, dem ein Ende zu setzen. Im Falle eines Atomkriegs ist alles Leben auf unserem Planeten von der Vernichtung bedroht, und Menschenleben sowieso. Doch selbst wenn es keinen Krieg gibt, gehen wir dem gleichen Ende entgegen – es sei denn, wir setzen der Atomindustrie selbst ein Ende – es wird nur etwas länger dauern, da der Atommüll (für dessen Beseitigung bisher noch kein sicheres Verfahren bekannt ist) Luft, Wasser und Boden allmählich so vergiftet, daß kein Leben mehr möglich ist.

Was können wir tun? Wie Helen Caldicott, nur noch entschiedener, bin ich der Meinung, wir sollten keine Zeit damit verlieren, von unserem Rechtswesen Hilfe zu erwarten. Ebensowenig habe ich Vertrauen zu Politikern, Wissenschaftlern oder »Experten«. Ich habe jedoch großes Vertrauen zu dem einzelnen Menschen: zu dir dort mit der Zahnbürste, zu dir da in den Federn und zu dir, den dieser ganze Mist nicht von seinem Truthahn-Sandwich abbringen kann. Ich weiß, daß letzten Endes wohl einer von uns *Einzelmenschen* (man denke nur an Watergate) dem rasenden Killer in die Parade fahren muß, der auf den Katastrophen-Knopf drücken will, und ich hoffe sogar, daß dieses In-die-Parade-fahren erklärt, warum es bei uns so viele hervorragende Football-Spieler gibt. (Genau wie ich hoffe, *irgend etwas* wird uns bald zeigen, was unsere Brüder über den Schutz des Lebens in Vietnam gelernt haben.)

Als Einzelmenschen müssen wir uns mit anderen zusammentun. Wir haben keine Zeit für Haarspaltereien, ob das Überleben eine »Angelegenheit der Weißen« ist. Keine Zeit, so zu tun, als ob wir ganz woanders leben. Massive Demonstrationen sind lebenswichtig. Massiver ziviler Ungehorsam. Und massives Sonstwas, wenn es nötig ist, um unser Leben zu retten.

Sprich mit deiner Familie; organisier deine Freunde. Klär alles auf, was Ohren hat. Bring Geld zusammen. Unterstütz diejenigen, die ins Gefängnis kommen. Schreib Briefe an die Senatoren und Kongressabgeordneten, die es der Atomindustrie leicht machen, uns umzubringen: sag ihnen, wenn das nicht anders wird, werden »die Farbigen« in ihre Atomschutzbunker einfallen. Auf jeden Fall ist das *die* Sache. Wir müssen die Erde retten und denen, die sie zerstören wollen, die Macht nehmen, das zu tun. Schließ dich, wenn es sein muß, auch mit Leuten zusammen, die du eigentlich nicht leiden kannst, damit wir alle weiterleben und uns wieder gegenseitig bekämpfen können.

Aber zuerst mußt du das Buch von Helen Caldicott lesen, und vergiß nicht: es mag eine gute Nachricht sein, daß die Natur die Weißen verschrottet, aber die schlechte Nachricht ist, daß sie meint, wir wären alle welche.

1982

An die Redaktion der
Frauenzeitschrift Ms.

(Die folgenden Überlegungen schrieb ich wenige Wochen vor dem Einmarsch der Israelis in den Libanon und wenige Monate vor den Massakern von Beirut als Reaktion auf einen Artikel von Letty Cottin Pogrebin, der im Juni 1982 unter dem Titel »Anti-Semitism in the Women's Movement« in der Frauenzeitschrift Ms. erschienen war.)

*

Es gibt eine enge, oft stillschweigende Verbundenheit zwischen jüdischen und schwarzen Frauen, die in ihrem Gefühl für Unterdrückung und Ungerechtigkeit wurzelt, einem Gefühl, das viele nicht-jüdische Frauen einfach nicht haben. So war ich zum Beispiel letztes Jahr, auf dem Höhepunkt der Berichterstattung über die Kindermorde von Atlanta, in einem kleinen College im mittleren Ohio, um dort Gedichte zu lesen. Zwei Frauen, eine weiße Jüdin und eine weiße Nicht-Jüdin, holten mich am Flughafen ab und fuhren mich zum Abendes-

sen in ein Restaurant. Ich trug zwei grüne Bänder,* das
eine am Mantel und das andere am Pullover. Sobald die
vier Weißen an dem Tisch uns gegenüber das bemerkten
(vielleicht war es auch nur meine Hautfarbe, die sie bemerkten), bestellten sie bei dem Klavierspieler vorne im
Saal das Lied »Mammy's Li'l Baby Loves Shortnin'
Bread«, das sie lauthals mitsangen (die zwei Frauen ge-
bärdeten sich – die Möglichkeit einer Frauensolidarität
quer durch alle Rassen anschaulich zunichte machend –
wie die Anhängsel der Männer), und am Ende jeder Strophe, nach »Called for the doctor, the doctor said ...«
setzten sie mit Nachdruck hinzu: »... *and another one
dead!*«,** wobei sie mit den Füßen stampften und in
tumb johlendes Gelächter ausbrachen. Als sie damit fertig waren, verlangten sie lautstark nach »Sweet Georgia
Brown«, von dem der Pianist (barmherzigerweise) be-
hauptete, er kenne es nicht.

Die jüdische Frau und ich erstarrten in dem Moment, als sie zu singen begannen. Die nicht-jüdische Frau
aß ruhig weiter. Schließlich gingen die Sänger, und die jüdische Frau sagte: »Wir müssen etwas unternehmen.«
»Ja«, sagte ich. Die nicht-jüdische Frau sagte: »Was ist
denn?«

Die Jüdin erklärte es ihr.

---

* Zum Zeichen der Solidarität mit den Kindern und Müttern von Atlanta
(A.W.)
** Die erste Strophe des Liedes lautet:
Mammy's li'l baby loves shortnin' bread / Two little children lyin' in bed.
/ One of them sick and the other one's dead. / Call for the doctor, and the
doctor said: / Feed them chill'in on shortenin' bread.
Mammis kleiner Liebling ißt gern Keks. / Zwei kleine Kinder liegen im
Bett / Eins ist krank und das andre ist tot. / Der Doktor wird geholt, und
der Doktor sagt: / Gebt den Kindern ganz viel Keks.

Daraufhin *sie*: »Oh, ich hab schon gemerkt, daß sie laut gesungen haben, aber *als mir klar wurde, daß es nichts Frauenfeindliches war,* hab ich sie einfach nicht beachtet.«

Als wir uns beim Geschäftsführer des Restaurants beschwerten (»Tja, eine von den Frauen arbeitet hier, und das Lied steht eben in dem Liederbuch, das wir hier verteilen«), sah die nicht-jüdische Frau noch immer erstaunt drein. Während die Jüdin drauf und dran war, mit ihrer Handtasche um sich zu schlagen.

Aber das ist nur ein Teil der Geschichte.

Vor ein paar Monaten, als Israel die Golan-Höhen »annektierte«, war ein jüdischer Freund von mir dort im Land. Bei seiner Rückkehr erklärte er, Israel *brauche* dieses Land, um sich vor der Möglichkeit feindlicher Granaten zu schützen, die offenbar von den Felsen dort nach Israel abgefeuert werden.

»Aber gehört dieses Land denn nicht Leuten?« fragte ich.

»Die fangen nichts damit an«, antwortete er.

Ich dachte: Ich habe einen Hinterhof, mit dem ich nichts »anfange«. Gibt dir das ein Recht, ihn mir wegzunehmen?

Er erzählte weiter von den Herrlichkeiten Israels, aber ich konnte ihm nur mit Mühe zuhören: Crazy Horse, Lame Deer und Black Elk* hielten mir die Ohren zu. Für mich hörte er sich an wie ein typischer amerikanischer *wasichu* (ein Wort der Sioux-Indianer für Weiße, das eigentlich bedeutet »die, die Fett nehmen«). Es schien ganz nebensächlich zu sein, daß er Jude war.

* Berühmte Indianerhäuptlinge

160

Ich glaube, ich bin froh, daß Letty Pogrebin mit ihrem Artikel die notwendige und noch andauernde Diskussion über den Anti-Semitismus in der Frauenbewegung weiterführt. Als schwarze Nicht-Jüdin ist es immer schmerzlich für mich, schwarzen Anti-Semiten zu begegnen, denn wenn die Geschichte eines zeigt, dann das, daß Anti-Semiten niemals glücklich sind. Außerdem müssen die Schwarzen, um ihren eigenen Vorfahren treu zu bleiben, alles daransetzen, jeder Form von Unterdrückung entgegenzutreten – und dieser notwendige Widerstand bringt sie so oft auf die Seite von Menschen wie den Palästinensern, *und ebenso auf die Seite der israelischen Juden.* Und mir scheint, bis vor ein paar Jahren standen die meisten Schwarzen, die sich überhaupt mit dem Nahen Osten befassen, so zwischen den Fronten. Noch früher – vielleicht zeichne ich nur meine eigene Geschichte nach – standen die meisten Schwarzen entschieden auf der Seite Israels.

Ich kann mich noch an den ägyptischen Angriff auf Israel von 1967 erinnern, und wie mein jüdischer Ehemann und ich Angst hatten, Israel würde – wie Ägypten drohte – »ins Meer getrieben«. Als Israel den Sechstagekrieg gewann, waren wir glücklich und erleichtert. Die Palästinenser-Frage war mir damals nur sehr wenig bewußt. Ich hatte nur den Holocaust im Sinn, den unmenschlichen Tatbestand, daß die Juden praktisch von jedem Land abgewiesen wurden, in dem sie Aufnahme suchten, daß sie doch *irgendwo* auf der Welt leben mußten (die Briten hatten in den vierziger Jahren davon geredet, sie in Uganda anzusiedeln, wo Großbritannien bereits Tausende von eigenen Staatsbürgern »angesiedelt« hatte), und ich hatte den Film »Exodus« gesehen, dessen

Musik einen nicht wieder losläßt: »This land is mine, God gave this land to me.« Im Laufe der nächsten Jahre sah ich das – vor allem dank einer jüdischen Freundin, die Palästinenserlager besuchte und mit einem palästinensischen Namen zurückkehrte – mit mehr Bewußtsein. Aber als ich mit meinem Mann über die Palästinenser reden wollte (*alle* Palästinenser, nicht nur die im Lager oder die in der PLO), stellte er sich einfach taub. Meine Freundin war für ihn eine Verräterin an den Juden, und jede Diskussion, die das Verhalten Israels infrage stellte, schien buchstäblich seine Gedanken zu lähmen. Ich verstand seine Ängste und teilte sie. Aber wenn er sagte: »Israel muß leben können«, konnte ich nur antworten: »Ja, und diese anderen Menschen auch.«

Was mir große Sorgen macht, ist, daß in dem Artikel von Letty Pogrebin das Wort »Imperialismus« kaum vorkommt. Das ist so, als ob man etwas über die Geschichte Europas im neunzehnten Jahrhundert liest und nur ein- oder zweimal das Wort »Kolonialismus« sieht.

»Nach der großen Entrüstung über die Annexion der Golan-Höhen durch Israel«, schreibt sie, »hörte ich eine Frau spotten: ›Israel ist Hitlers letzter Triumph über die Juden‹ – als ob Menachim Begins *Ultranationalismus* (Hervorhebung von mir, um Letty Pogrebins Gleichsetzung einer Ideologie mit einer Handlungsweise aufzuzeigen) das jüdische Volk noch gründlicher vernichten würde, als Hitler das konnte.«

Statt »Ultranationalismus« sollte hier »Imperialismus« stehen. Denn wie kann man die Errichtung von Kolonien durch Israel auf dem Territorium anderer Leute sonst nennen? Ungeachtet dessen, was andere Leute wie die Amerikaner oder die Russen (beides imperialistische Nationen) tun, meine ich, es würde unserer Diskussion guttun, wenn wir zum Beispiel sagen könnten: Ja, Israel muß leben können – weil die Juden nach ihrer abscheulichen Mißhandlung durch die ganze Welt Rückendeckung verdient haben (wie von Letty Pogrebin beschrieben), aber wenn es in anderer Leute Länder einfällt, wenn es auf anderer Leute Territorium Kolonien errichtet, wenn es Menschen aus ihren Küchen, Weingärten und Betten vertreibt, dann muß man dagegen sein, genau wie im Fall von Rußland oder Amerika. Und genau wie bei diesen beiden Ländern meine ich, daß man in gewisser Weise zwischen den Juden an sich und der israelischen Regierung unterscheiden muß. (Viele Amerikaner werden sicherlich sagen, die Besiedelung Israels war selbst ein imperialistischer Akt seitens der Briten, und von daher sollte es Israel nicht geben; aber diese Amerikaner werden zugeben müssen, daß das gleiche für Amerika gilt, und eine Antwort auf die Fragen finden müssen: Bin ich bereit zu gehen, und das Land den Indianern zurückzugeben?)

Ich glaube nicht, daß die Schwarzen den »Selbstmord« Israels wünschen, denn viele von ihnen hoffen weiterhin auf eine Entspannung der Kriegssituation, damit sie dorthin reisen können; aber wer Besetzung oder Kolonisation erlebt hat, wird Mühe haben, Israel die Errichtung von »Siedlungen« unter israelischer Verwaltung in Gebieten zu verzeihen, in denen es bereits eine einheimische Bevölkerung gibt. Wenn ich die israelischen »Siedlungen« sehe, muß ich an all die Forts denken, die über die amerikanische Prärie verstreut sind. Die israelischen »Siedlungen« kommen mir erschreckend vertraut und amerikanisch vor.

Wenn Andrea Dworkin sagt: »Es macht mich wütend, wenn man erwartet, daß die Juden, da sie selbst Unterdrückung erfahren haben, bei der Führung ihrer Staatsgeschäfte mehr Moral beweisen als alle anderen«, dann wird mir klar, daß ich genau das erwartet habe: Mit afrikanischen Ländern habe ich dasselbe Problem (und werde genauso oft enttäuscht). Daß Israel *kein* Amerika oder Rußland im Kleinformat sein würde (und Idi Amin *kein* schwarzer Andrew Jackson). Daß es nicht danach streben würde, sein Imperium durch die Einrichtung von »Satelliten«, »Protektoraten«, »Kolonien« oder »Staaten« zu erweitern. Das war offensichtlich dumm von mir. Das sehe ich widerwillig ein. Aber wenn die Juden sich genauso benehmen wollen wie alle anderen (und vor allem wie weiße christliche Männer), worin besteht dann ihr Judentum, wenn nicht einfach in dem Glauben an ihr Recht, ein beliebiges Stück Land zu besetzen? Den Sabbath einhalten kann jeder, aber ihn zu heiligen nimmt sicher auch den Rest der Woche in Anspruch.

Für viele Menschen in der Dritten Welt ist der Zionismus weniger mit Rassismus als vielmehr mit dem israelischen Imperialismus gleichzusetzen. (Obwohl man sich bei der von Letty Pogrebin zitierten Aussage, die meisten Israelis seien dunkelhäutige Juden – und Zionisten – fragt, warum dann anscheinend niemand von denen in der Knesset ist und sie nie als die Mehrheit der Israelis dargestellt werden, wenn bei uns im Fernsehen Israelis gezeigt werden.) Und sie sind gegen diesen Imperialismus, nicht weil sie Juden hassen (obwohl einige von ihnen das vielleicht tun), sondern weil sie imperialistisches Verhalten als solches erkennen und verurteilen. Wenn Menschen aus der Dritten Welt den amerikanischen oder russischen Imperialismus verurteilen (und das tun sie), dann weiß ich sehr wohl, daß sie dabei nicht von den Millionen von Amerikanern oder Russen sprechen, die praktisch alles mit Abscheu betrachten, was ihre jeweilige Regierung politisch tut. Wenn ich über die Politik von Menachim Begin entsetzt bin (und das bin ich, und viele Israelis – darunter Soldaten in der israelischen Armee – sind es auch, und viele amerikanische Juden auch), dann ist meine Reaktion nicht, daß Israel nicht mehr leben soll, sondern daß die Israelis Begin nicht mehr an die Macht wählen sollen.

Ich fühlte mich meiner jüdischen Freundin noch mehr verbunden, nachdem sie die Palästinenserlager besucht hatte. Sie hatte nicht angenommen, daß sie »Palästinenserfrauen sie am liebsten tot gesehen hätten«, und stellte freudig überrascht fest, daß das in der Tat nicht so war. Sie stellte außerdem fest, daß sie ihnen sehr ähnlich sah (dunkel und semitisch: »Erzähl mir nichts von Kusinen«, sagte sie, »wir sind *Schwestern*, wenn der Spiegel nicht lügt«), daß sie historisch und kulturell vieles mit ihnen gemeinsam hatte, und daß die Palästinenserfrauen sich ebensowenig der Idee der Gewalt verschrieben hatten wie sie selbst. Aber das war in den sechziger Jahren, und vielleicht ist seitdem tatsächlich alles anders geworden. Im Gegensatz zu meinem Mann, für den sie eine Verräterin an den Juden war, weil sie sich mit »dem Feind« eingelassen hatte, hielt ich (in meiner naiven Art, in »positiven Klischees« zu denken) ihre Handlungsweise für sehr jüdisch. Sie zeugte von Mut, Sinn für Humor, einem unverwüstlichen Glauben an die Einheit der ganzen Welt und von Vertrauen auf die eigene Wahrnehmung der Wirklichkeit. Sie erforderte – wie sagt man –

Chuzpe. Meine Freundin wußte etwas, wovon auch ich zutiefst überzeugt bin: Wenn Frauen auch nur irgendeine Wahrheit herausfinden wollen, müssen sie *selbst* dorthin reisen, wo sie hoffen können, sie zu finden. Meiner Meinung und Erfahrung nach werden uns die Imperialisten aller Rassen und Nationen alles mögliche erzählen, damit wir nicht müde werden zu kämpfen. Für sie.

In dem Buch *Civil Wars* der Schriftstellerin June Jordan gibt es einen hervorragenden Essay, den schwarze und jüdische Feministinnen gut zum Consciousness-Raising* verwenden könnten. June Jordan beschreibt darin, was geschah, als eine jüdische Freundin einen Essay von ihr las, in dem sie den Mord an einem jungen Schwarzen in Brooklyn durch chassidische Juden verurteilte. Die Freundin gab ihr ein Buch über Anti-Semitismus, damit sie »das Problem sah.« Wer June Jordans Arbeiten kennt (und ihre Freundin muß sie gekannt haben – sie hatten jahrelang zusammen gearbeitet), weiß, daß sie ohne zu zögern *jeden* verurteilen würde, von dem sie meint, daß er es verdient hat; und da sie alle Arten von Mord verurteilt, verurteilt sie auch einen Mord durch Juden. Das macht sie nicht zur Anti-Semitin; es macht sie gerecht.

Die Freundin erwartete von ihr, wie mir scheint, eine *schweigende* und unkritische Loyalität zu Juden, ganz gleich was sie tun. Viele schwarze Frauen meinen jedoch, daß schweigende, unkritische Loyalität etwas ist, das man noch nicht einmal seinem eigenen Kind antut. In den sechziger Jahren wichen einige schwarze Frauen

---

* »Bewußtseinshebung«, in der deutschen Frauenbewegung als »Selbsterfahrung« bezeichnet.

von unserem historischen Weg ab, gegen alles anzukämpfen, was uns falsch vorkommt, und hielten den Mund, während schwarze Männer »die schwarze Nation anführten«. Das hat eine ganze Generation von schwarzen Frauen (und schwarzen Menschen überhaupt) psychisch verkrüppelt, und wir sagen: Nie wieder. Wir wissen den Wert von Bündnissen und Koalitionen sehr wohl zu schätzen, aber wir haben auch einen Mund. Wenn wir schweigen, dann ist es ein Grund zur Sorge.

Jede Verletzung menschlicher Würde hat unbedingt etwas mit mir als einem menschlichen Wesen auf diesem Planeten zu tun, denn ich weiß, daß alles auf dieser Welt miteinander verbunden ist. Es deprimiert mich, wenn Letty Pogrebin meint, die Arbeit jüdischer Frauen für »Bürgerrechte, die Rechte von Sozialhilfeempfängern, *Appalachian Relief*« sei Arbeit gewesen, die nicht »unbedingt etwas mit ihrem eigenen Leben zu tun« hatte. Was logischerweise bedeutet, daß das reine Wohltätigkeit war, die den Zurückgebliebenen, den Armen und den geistig Minderbemittelten gewährt wurde, und daß jüdische Feministinnen jetzt eine »Entlohnung« in Form von Unterstützung erwarten dürften. Ich habe zum Glück mit zu vielen jüdischen Frauen in sozialen Bewegungen zusammengearbeitet, als daß ich glauben könnte, daß viele von ihnen so denken – und nicht wissen, daß jeder Kampf gegen Unterdrückung unser aller Last leichter macht –, aber wenn sie doch so denken, dann sind wir schlechter dran, als ich angenommen hatte.

Jüdische Feministinnen werden versuchen müssen, zu verstehen, warum die Farbigen den Imperialismus und Kolonialismus hassen: wir, die wir ganze Kontinente verloren haben an die Arroganz und Gier des weißen

Mannes sowie an die Unfähigkeit seiner weißen Kompli-
zin, gestohlenes Gold, gestohlene Diamanten und gestohlene Pelze zurückzuweisen. Und ich fürchte, einer
jüdischen Feministin wird ihre Identität als Jüdin innerhalb des Feminismus in der Tat das gleiche Unbehagen
bereiten müssen wie ihre Identität als Feministin innerhalb des Judentums; diese Double-Bind-Situation hat
jede Frau aus einer unterdrückten Gruppe seit jeher erfahren. Und die Farbigen werden versuchen müssen, die
Angst der Juden vor einem neuen Holocaust und der to-
talen Heimatlosigkeit zu verstehen. Das ist unsere Geschichte. Wenn Schwarze allen Ernstes glauben, daß
»Anti-Semitismus ein Weg ist, wie Schwarze sich in das
Leben in Amerika einkaufen können«, dann haben sie
einen Horizont wie ein Floh und zeigen eine totale Ignoranz gegenüber allen historisch belegten weiß-amerikani-
schen Verhaltensweisen. Was diejenigen angeht, die meinen, die arabische Welt verheiße Freiheit: Ein einziger
Blick auf die dort übliche Tradition im Umgang mit
Schwarzen (Sklaverei) und Frauen (Purdah*) wird sie
von allen Illusionen befreien. Wäre Malcolm X eine
schwarze Frau gewesen, so hätte seine letzte Botschaft an
die Welt vollkommen anders geklungen. Es mag in der
arabischen Welt eine brüderliche Verbundenheit der mo-
hammedanischen Männer – aller Farben – geben, aber
was sie zusammenhält, ist unter anderem die völlige Unterdrückung der Frau.

1983

---

* Das System der völligen Absonderung der Frau in den islamischen Ländern

BEIM SCHREIBEN DER FARBE LILA

Nicht immer weiss ich, wo der Keim einer Geschichte herkommt, aber bei der *Farbe Lila* wußte ich es auf der Stelle. Ich wanderte mit meiner Schwester Ruth durch den Wald, und wir unterhielten uns über ein Dreiecksverhältnis, das wir beide kannten. Sie sagte: »Und weißt du was, eines Tages hat die Ehefrau die andere Frau gefragt, ob sie einen Schlüpfer von ihr leihen kann.« Augenblicklich fiel das fehlende Teilchen der Geschichte, die ich im Kopf schon schrieb – von zwei Frauen, die sich mit demselben Mann verheiratet fühlten –, an seinen Platz. Und monatelang – durch Krankheiten, Scheidung, mehrere Umzüge, Auslandsreisen, alle möglichen Herzschmerzen und Offenbarungen hindurch – trug ich die Bemerkung meiner Schwester vorsichtig ausbalanciert im Mittelpunkt des Romangerüsts, das ich im Geiste aufbaute, mit mir herum.

Ich wußte auch, daß *Die Farbe Lila* ein historischer Roman sein würde, und der Gedanke daran ließ mich schmunzeln. In einem Interview, in dem es um meine Arbeit ging, sagte ein schwarzer Kritiker, er habe gehört, daß ich eines Tages vielleicht einen historischen Roman schreiben wolle, und fuhr dann dem Sinne nach fort: der

Himmel bewahre uns davor. Mein Schmunzeln deshalb, weil meine »Historie« nicht mit einer Eroberung von Land oder der Geburt, den Schlachten und dem Tod großer Männer beginnen sollte, sondern – typisch Frau (würde er sagen) – damit, daß eine Frau eine andere um Unterwäsche bittet. Nun ja, dachte ich, eine der Funktionen von Kritikern ist es wohl, sich über so etwas zu entsetzen. Doch welche Frau (oder welcher sinnliche Mann) würde der Faszination widerstehen können? Ich selbst konnte ein ganzes Jahr lang kaum etwas anderes denken.

Als ich sicher war, daß die Gestalten meines neuen Romans sich zu formen versuchten (oder, wie es mir eigentlich immer vorkam, versuchten, mit mir Kontakt aufzunehmen, um durch mich zu sprechen), begann ich Pläne zu machen, aus New York wegzuziehen. Drei Monate zuvor hatte ich ein winziges Haus in einer ruhigen Straße in Brooklyn gekauft, in der Annahme – da ich von meinem Schreibtisch auf die Straße und einen Ahorn im Vorgarten schaute, was »Garten« und »Ausblick« bedeutete –, dort würde ich schreiben können. Dem war nicht so.

New York, dessen Menschen ich für ihren Charme trotz nicht endenwollender unvorhersehbarer Mißgeschikke liebe, war ein Ort, den auch nur zu besuchen die Leute aus der *Farbe Lila* sich strikt weigerten. Sobald sich irgendeine Gestalt zu formen begann – in der U-Bahn, in einer dunklen Straße, und vor allem im Schatten sehr hoher Gebäude – fingen sie schon an, sich zu beschweren.

»Was soll dieser ganze hohe Scheiß?« sagten sie.

Ich entledigte mich des Hauses, stellte meine Möbel

unter, packte meine Koffer und flog allein nach San Francisco (es war das Jahr, das meine Tochter bei ihrem Vater verbrachte), wo alle Personen des Romans prompt verstummten – vor Ehrfurcht glaube ich. Nicht nur vor der Schönheit der Stadt, sondern auch wegen dem, was sie über die Erdbeben mitbekamen.

»Es ist schön«, murmelten sie, »aber an einem Platz, wo es Erdbeben gibt, haben wir doch nix verloren.«

Sie wollten auch keine Busse, Autos oder andere Menschen sehen, wenn sie versuchten herauszugucken. »Da wolln wir gar nix davon sehen«, sagten sie. »Da kann doch kein Mensch nich denken.«

Und da wußte ich denn sicher, daß dies Leute vom Lande waren. Also begannen mein Liebhaber* und ich im ganzen Staat herumzufahren und auf dem Land nach einem Haus zu suchen, das wir mieten könnten. Glücklicherweise hatte ich (mit Hilfe von Freunden) eine einigermaßen erschwingliche Wohnung in der Stadt gefunden. Auch dies war ein von meinen Figuren erzwungener Entschluß gewesen. Solange überhaupt fraglich war, ob ich ihnen die Lebensweise, die sie forderten, vor allem ungestörte Ruhe, bieten konnte, lehnten sie höflich ab, herauszukommen. Schließlich fanden wir im nördlichen Californien ein Häuschen, das wir uns leisten konnten und das meinen Figuren gefiel. Und kein Wunder: dort sah es sehr ähnlich aus wie in der kleinen Stadt in Georgia, aus der die meisten stammten, nur war es noch schö-

---

* Ironischer- und unglücklicherweise wird »Liebhaber« von einigen Menschen als abschätziges Wort betrachtet. In seiner ursprünglichen Bedeutung, »jemand, der lieb hat« (es könnte ein Liebhaber von Musik, Liebhaber des Tanzens, Liebhaber eines Menschen sein …) ist es brauchbar, stark und genau – und hat die Bedeutung, die ich hier beabsichtige.

ner und der Badeteich am Ort war nicht nach Rassen abgeteilt. Auch ähnelte es ein wenig dem afrikanischen Dorf, in dem eine von ihnen, Nettie, Missionarin war.

Als sie die Schafe, die Kühe und die Ziegen sah, die Äpfel und das Heu roch, fing eine meiner Personen, Celie, stockend an zu sprechen.

Aber es gab noch ein Problem.

Da ich meine Stelle als Redakteurin bei der Frauenzeitschrift *Ms* aufgegeben hatte und mein Guggenheim-Stipendium dem Ende zuging und meine Tantiemen die Ausgaben nicht ganz deckten und – um ganz ehrlich zu sein – weil es mich beflügelt, vor Leuten zu stehen, die meine Arbeit schätzen, ob nun historische Romane oder nicht, nahm ich Einladungen zu Vorträgen an. Manchmal brachen Celie oder Shug auf den langen Flugreisen mit ein oder zwei wundervollen Zeilen durch (Celie sagte zum Beispiel einmal, daß eine sich selbst bemitleidende Kranke, die sie besuchen ging, »im Bett drin lag und probiert hat, tot auszusehen«). Aber auch diese Zeilen hatten sich – wenn ich sie nicht rasch notierte – schon wieder aufgelöst bis ich meinen Kontakt mit dem Publikum beendet hatte.

Was tun?

Celie und Shug antworteten ohne Zögern: Gib dieses Herumreisen auf. Gib das Gerede auf. Was soll das ganze beschissene Rumgefahre und Gequatsche denn? Also gab ich es für ein Jahr auf. Wenn ich zu einem Vortrag eingeladen wurde, erklärte ich, daß ich mich ein Jahr lang in die STILLE zurückgezogen hätte. (Ich trug an meinem linken Arm sogar ein imaginäres Armband mit den Buchstaben dieses Wortes.) Alle sagten, aber natürlich, das verständen sie.

Ich hatte gräßliche Angst.

Wo sollte das Geld für unseren Unterhalt herkommen? Mein einziges ständiges Einkommen waren die monatlich dreihundert Dollar Honorarvorschuß von *Ms.* für meine Arbeit als Außenredakteurin. Aber sogar das war noch zuviel Ablenkung für meine Figuren.

Sag ihnen, daß du nichts für die Zeitschrift arbeiten kannst, sagten Celie und Shug. (Ihr habt es erraten; die Frauen mit den Unterhosen.) Sag ihnen, daß du erst später wieder an sie denken kannst. Also tat ich es. *Ms.* blieb gelassen. Hilfreich wie eh und je (sie zahlten den Vorschuß weiter). Was schön war.

Dann verkaufte ich einen Band Erzählungen. Nach Abzug der Steuern, Inflationsrate und den zehn Prozent Honorar für meinen Agenten, würde mir genug für ein frugales Jahr ohne große Sprünge bleiben. Und so kaufte ich einen wunderschönen blau-rot-lila Stoff und ein paar irre alte Möbel aus zweiter Hand (und ließ mir von Freunden allerlei alten nützlichen Kram schenken) und ein Quiltmuster, von dem meine Mama schwor, daß es einfach sei, und machte mich auf in die Berge.

Es kamen Tage und Wochen und sogar Monate, in denen nichts passierte. Überhaupt gar nichts. Ich arbeitete an meinem Quilt, machte lange Spaziergänge mit meinem Liebhaber, lag auf einer Insel, die wir mitten im Fluß entdeckten und ließ die Finger ins Wasser hängen. Ich schwamm, erforschte die Mammutbaumwälder rings um uns, lag draußen auf der Wiese, pflückte Äpfel, redete (ja, natürlich) mit den Bäumen. Mein Quilt begann zu wachsen. Und natürlich passierte alles. Celie und Shug und Albert lernten sich kennen, und fingen an, meinem festen Entschluß zu vertrauen, ihrem Eintreten (manchmal hatte ich das Gefühl ihrem Wieder-Eintreten) in die Welt nach bestem Können zu dienen, und, mehr als das – und es war ein wundervolles Gefühl –, wir fingen an, einander gern zu haben. Und, noch mehr als das, eine ungeheure Dankbarkeit für unser gemeinsames Glück zu empfinden.

Als der Sommer langsam zur Neige ging, kamen immer mal wieder einer oder mehrere meiner Figuren – Celie, Shug, Albert, Sofia oder Harpo – auf Besuch. Dann saßen wir beieinander, dort, wo ich gerade gesessen war, und redeten. Sie waren sehr entgegenkommend, einnehmend und vergnügt. Sie waren natürlich schon am Ende ihrer Geschichte, erzählten sie mir aber von Anfang an. Dinge, die mich traurig machten, brachten sie oft zum Lachen. Ach, damit sind wir doch fertiggeworden; zieh nicht so ein langes Gesicht, sagten sie dann. Oder: Du glaubst, Reagan ist schlimm, du hättest mal ein paar von den Rotnacken sehen sollen, mit denen wir zu tun hatten. Die Tage vergingen in einem Glanz von Glückseligkeit.

Dann fing die Schule wieder an, und es kam die Zeit, in der meine Tochter bei mir wohnen sollte – zwei Jahre lang.

Ob ich das wohl schaffen würde?

Shug sagte geradeheraus, sie wüßte es nicht. (Nun ja, *ihre* Kinder wuchsen ja bei ihrer Mutter auf.) Keiner sonst sagte etwas. (Zu diesem Zeitpunkt im Roman wußte Celie ja noch nicht einmal, wo ihre Kinder überhaupt waren.) Sie wurden nur etwas stiller, kamen nicht mehr so viel zu Besuch und zogen sich auf eine eindeutige Wollens-mal-abwarten-Haltung zurück.

Meine Tochter kam an. Gescheit, sensibel, munter,

den größten Teil des Tages in der Schule, aber nach ihrer Rückkehr rasch mit dem Tee und einfühlsamen Fragen zur Hand. Meine Figuren liebten sie heiß und innig. Sie sahen, daß sie ihre Meinung unmißverständlich sagte und sich wehrte, wenn sie angegriffen wurde. Als sie eines Tages mit blauen Flecken aus der Schule nach Hause kam, aber sagte: Du solltest den anderen Typ erstmal sehen, begann Celie (die als Kind von ihrem Stiefvater vergewaltigt worden und ein wenig lebensängstlich war), ihre eigene Situation mit ganz neuen Augen zu sehen. Rebecca machte ihr Mut (den sie mir auch immer macht) – und Celie gewann sie so lieb, daß sie mit ihrem Besuch immer bis halb vier wartete. Genau in dem Moment, wenn Rebecca zu Hause ankam und ihre Mutter und eine Umarmung brauchte, war also Celie da und versuchte, ihr beides zu geben. Glücklicherweise gelang es mir, Celie ihre eigenen Kinder zurückzubringen (eine einzigartige Macht der Romanciers), wenn auch dreißig Jahre und eine ganze Menge Auslandsreisen dazu nötig waren. Doch dies war auch schon das größte Einzelproblem beim Schreiben genau *des* Romans, den ich zwischen halb elf und drei Uhr schreiben wollte.

Ich hatte geplant, mir fünf Jahre Zeit zu lassen, um *Die Farbe Lila* zu schreiben (und zu lehren, Vorträge zu halten oder Äpfel zu verkaufen, falls mir das Geld ausgehen sollte). Doch genau an dem Tag, als meine Tochter ins Feriencamp fuhr, weniger als ein Jahr, nachdem ich mit dem Schreiben angefangen hatte, schrieb ich die letzte Seite.

Und warum tat ich mir das an?

Es war, als verlöre ich alle, die ich liebte, auf einmal. Zuerst Rebecca (der auf der letzten Seite alle entgegendrängten, um Adieu zu sagen), dann Celie, Shug, Nettie und Albert. Mary Agnes, Harpo und Sofia. Eleanor Jane. Adam und Tashi Omatangu. Olivia. Glücklicherweise blieb mir mein Quilt, und mein Liebhaber.

Ich warf mich in seine Arme und weinte.

1982

Ein eigenes Kind:
Eine bedeutsame Abschweifung
innerhalb der Arbeit(en)

Es ist mir eine Ehre, an einem Tag zu sprechen, der Muriel Rukeyser ehrt.* Und für die Entstehung der Rede, die ich nun halten will, bin ich Muriel besonders verpflichtet – heute, so viele Jahre nachdem ich bei ihr studierte, denn es geht darin um etwas, das Muriel immer wichtig gewesen ist; etwas, das sie nicht aus Büchern lehrte, sondern durch ihr eigenes Leben ... nämlich, nicht allein die Notwendigkeit, in einer Zeit der Konfrontation das eigene Ich zu stärken, sondern auch, sich für das Kind einzusetzen, für das Leben eines eigenen Kindes, trotz allem, was dagegen spricht.

Ich glaube, Muriel war die einzige Lehrerin, die ich je hatte, die die fundamental wichtige, erfreuliche Realität des KINDES mit ins Seminar brachte. Um es dort seelenruhig zwischen Wordswords *Daffodils*, Whitmans *Leaves of Gras*, Hopkins' *Pied Beauties* existieren zu lassen ... Sie lehrte uns keine Trennungen, wo es gar keine gibt – obwohl der Großteil aller Belehrung auf der Welt ausdrücklich hierzu dient.

Muriel Rukeyser Tag im Sarah Lawrence College am 9. Dezember 1979. In der Arbeit zu diesem Essay und über diesen Essay hinaus bin ich dem mutigen und großzügigen Denken von Tillie Olsen, Barbara Smith und Gloria Steinem zu Dank verpflichtet. – A.W.

Wenn es in der Welt den Krieg gibt, so gibt es doch trotzdem auch *Das Kind*. Wenn es in der Welt den Hunger gibt, Atomreaktoren und Faschisten, so gibt es dennoch auch Das Kind darin.

Einige von uns – Künstlerinnen, Schriftstellerinnen, Dichterinnen, Jongleurinnen – empfinden das Kind als Bedrohung, als Gefahr, als Feind. Und wahrhaftig, die Gesellschaft ist schlecht darauf vorbereitet, Kinder fröhlich miteinzubeziehen. Wie viele von uns können sagen, daß sie niemals Das Kind vergessen hätten? Ich kann dies von mir nicht behaupten. Aber ich kann sagen, daß ich dabei bin zu lernen, es nicht zu vergessen.

Muriel betrachtete Das Kind, meine ich, so, wie sie sich selbst betrachtete: als Lehrer, Schüler, Dichter und Freund. Und dem Kind gegenüber fühlte sie sich verantwortlich, für sich selbst und für ihr Leben. Ich weiß nicht, welche Kämpfe Muriel dazu gebracht haben, zu glauben, daß Das Kind zentral sei. Für mich hat es den Konflikt, den Kampf und gelegentlich die Niederlage gegeben – nicht nur, wenn ich dem Leben meines eigenen Kindes (meiner eigenen Kinder) um jeden Preis zustimmen wollte, sondern auch, wenn ich in dieser Zustimmung ein liebevolles Akzeptieren und eine Bestätigung meiner selbst sah, in einer Welt, die mir das ungehinderte Aufblühen meiner eigenen Existenz versagen wollte.

Es kann nicht überraschen, daß ich dies als im tiefsten Sinne politisch empfand.

Für diejenigen von uns, die Das Kind sowohl lieben als auch fürchten – wegen der Arbeit, die wir tun –, die wir es gerne bedingungslos lieben würden, wenn wir nur könnten, schlage ich einen Lebensplan vor, der zu *einem* eigenen Kind ermutigt. Diesen Plan verteidige ich und dieses eine Kind betrachte ich als eine bedeutsame – man könnte sagen notwendige – Abschweifung innerhalb der eigenen Arbeit(en).

Es ist ganz richtig, daß ich, wie viele andere Frauen, die arbeiten, besonders Schriftstellerinnen, entsetzliche Angst davor hatte, Kinder zu bekommen. Ich fürchtete, von der Erfahrung zerbrochen, wenn nicht gar überwältigt zu werden. Ich glaubte, die Qualität dessen, was ich schreibe, würde durch die Mutterschaft beträchtlich geschmälert – daß nichts, was gut für mein Schreiben sei, aus dem Kinderkriegen kommen könne.

Mein erster Fehler war, »Kinder« zu denken, anstatt »Kind«. Mein zweiter war, *Das Kind* als den Feind anzusehen, anstatt den Rassismus und den Sexismus einer repressiven kapitalistischen Gesellschaft. Mein dritter Fehler war es, zu glauben, daß kein Vorteil, den ich durch das Kind habe, meinem Schreiben zugutekommen würde.

Ich hatte doch tatsächlich die vorherrschende sexistische Direktive akzeptiert: du mußt potent sein (ein Mann sein), um schreiben zu können. Meiner Meinung nach ist ein Kind zu haben allemal gleichwertig. Es ist sogar eigentlich mehr: der Schwanz ist nicht mehr unübertroffen.

Jemand hat mich einmal gefragt, ob ich meine, daß Künstlerinnen Kinder haben sollten, und da wir schon über die Diskussion der Frage, warum man das männliche Künstler nie fragt, hinaus waren, gab ich meine Antwort prompt.

»Ja«, sagte ich, ein wenig zu meiner eigenen Überraschung. Und, wie um meine Übereiltheit zu berichtigen, fügte ich hinzu: »Sie sollten Kinder haben – *angenommen es ist ihnen wichtig* –, aber nur eins.«

»Warum nur eins?« wollte dieser Jemand wissen.

»Weil man sich mit einem frei bewegen kann«, sagte ich. »Mit mehr als einem wird man zur Glucke.«

Im Jahr, nachdem mein einziges Kind, Rebecca, geboren wurde, gab meine Mutter mir einen für sie untypisch schlechten Rat. »Du solltest bald ein zweites bekommen«, sagte sie, »damit Rebecca jemand zum Spielen hat und du es alles schneller hinter dich bringst.«

Solche Ratschläge kommen nicht aus dem, woran eine Mutter sich aus ihrer eigenen Erfahrung erinnert. Sie kommen aus einem Sammelbecken von falschen Darstellungen, die Frauen über die Jahrtausende hinweg gesammelt haben, damit sie sich weniger töricht vorkommen, wenn sie mehr als ein Kind haben. Dieses Sammelbecken wird, verzweifelt und kläglicherweise, »Frauenweisheiten« genannt. Man sollte es vielmehr lieber »Frauentorheiten« nennen.

Der rebellische und markigere Ratschlag, der aus der eigenen Erfahrung von Frauen käme, müßte dagegen eher dem ähneln, was meine Mutter automatisch allen Frauen entgegenhält, die sich innigst Kinder wünschen, aber nicht damit gesegnet worden sind: »So euch nun der Herr frei macht, so seid ihr recht frei.« Diese handfeste Rechtfertigung für den Nonkonformismus sowie ein schamloses Schwelgen in der daraus resultierenden Freiheit haben sich Frauen und

Sklaven überall und in jedem Zeitalter seit dem Alten Testament aus der Bibel angeeignet.

»Nein danke«, erwiderte ich. »Ich werde kein Kind mehr kriegen, nicht mit diesem Körper. Nie.«

»Aber warum sagst du das?« fragte sie atemlos, vielleicht von meiner Überreaktion verschreckt. »Du hast einen Mann geheiratet, der so ein wunderbar väterlicher Typ ist. Er hat so viel Liebe in sich, daß ihm fünfzig Kinder um die Füße herumwimmeln sollten!«

Ich sah mich selbst die fünfzig Kinder wie einen Schwarm Ameisen unter seinen Füßen wegfegen. Wenn sie die zwei Stunden zwischen dem Zeitpunkt, wenn er aus dem Büro kommt, bis wir sie ins Bett bringen um seine Füße herumwimmeln, dachte ich, dann sind sie den ganzen Tag unter meinem Schreibtisch. Feg. Feg.

Meine Mutter sprach weiter: »Ach weißt du«, sagte sie, »bis zu meinem fünften Kind war ich wie ein junges Mädchen. Ich konnte aufstehen und gehen, wohin ich wollte.« Aber sie war damals wirklich ein junges Mädchen. Sie war noch nicht fünfundzwanzig, als ihr fünftes Kind geboren wurde. So alt wie ich, als ich mit Rebecca schwanger wurde. Im übrigen ist dieses Bild des leichtfüßigen Aufstehens, da ich das letzte Kind in einer Familie mit acht Kindern bin, nicht dasjenige, das auf ewig in mein Gedächtnis eingegraben ist. Ich erinnere mich an eine Frau, die sich abkämpfte, um Sonntags alle für die Kirche angezogen zu bekommen und nur mit der allergrößten Anstrengung selbst noch rechtzeitig fertig wurde. Doch da ich nicht so leicht dem Zauber schmerzlicher Erfahrungen der Vergangenheit erliege, die man sich in Augenblicken der Seelenruhe ins Gedächtnis zurückruft, erwähnte ich dies nicht.

Zu der Zeit, als meine Mutter mit fünf Kindern »aufste-
hen und gehen konnte, wohin sie wollte«, waren sie und
mein Vater gewöhnlich im Pferdewagen unterwegs. Ich
kann mir vorstellen, daß das hübsch gewesen sein muß: es
ist noch heute in einigen Ländern hübsch – in Teilen Chi-
nas, in Kuba, Jamaica, Mexico, Griechenland und andern-
orts. Ein Gespann langsamer Maultiere, die eine sonnige
südliche Straße entlangtrotten, der Geruch von Kiefer und
Geisblatt, kein Smog, zwitschernde Vögel. Diese fünf lieben
Stimmchen, von hinten im Wagen (gesunde Kost – gesunde
Kinder): Pflaumen! Vogel! Baum! Blumen! Muskateller-
trauben! Entzückend!

»Der zweite Grund, warum ich nie mehr ein Kind
will, jedenfalls nicht mit diesem Körper, ist, daß Kinderkriegen wehtut, weher als Zahnweh (und ich bin sicher,
daß sich das keiner, der einmal Zahnweh gehabt, aber nie
ein Kind geboren hat, vorstellen kann), und daß es den
Körper verändert.«

Da gibt es nun mehrere Antworten aus dem allgemeinen Vorrat von Frauen-Torheiten, die meine Mutter
als Antwort darauf hätte wählen können. Sie wählte alle.

»*Das* bißchen Schmerz«, spottete sie (*obwohl sie, in*
einem schwachen Moment ertappt, preisgegeben hat, daß ge-
rade bei meiner Geburt die Schmerzen so heftig waren, daß
sie nicht sprechen konnte, nicht einmal, um der Hebamme
mitzuteilen, daß ich geboren war und daß sie aufgrund der
Schmerzen fest glaubte, daß sie sterben müsse – ein Gedan-
ke, der zweifellos unter den Umständen Erleichterung bot.
Stattdessen wurde sie ohnmächtig, was zur Folge hatte, daß
ich unter dem Bettzeug fast erstickt wäre.) »Der Schmerz
ist vorbei, noch bevor du es recht weißt.« Das ist Antwort Nummer eins. Nummer zwei ist: »Das Merkwürdi-

ge an dieser Art von Schmerz ist, daß er bei der Frau etwas Komisches bewirkt (*Ah-oh, dachte ich, jetzt kommt zu den Frauen-Torheiten noch die ›Frauen-sind-doch-komische-Wesen‹-Leier*); es scheint fast, je weher die Geburt tut, umso lieber hast du später das Kind.« (Ist *das* der Grund, warum sie mich so liebt, frage ich mich. Natürlich wäre ich gern um meiner selbst willen geliebt worden, nicht um ihrer Schmerzen willen.) Nummer drei: »Manchmal, *so heißt es,* sind die Schmerzen gar nicht echt. Na, jedenfalls nicht so echt wie sie sich währenddessen anfühlen.« (Diese Antwort verdient nur einen Kommentar in Form von Ohrfeigen, und sie ist einer der Gründe, warum Frauen manchmal in der Nähe ihrer Mutter unter Muskelzuckungen leiden.) Und dann Nummer vier, die Antwort, die mich am meisten aufbringt: »Und noch was zu den Schmerzen: *man vergißt sie so schnell wieder.*«

Täusche ich mich, wenn ich fest davon überzeugt bin, daß ich niemals in meinem Leben einen einzigen Schmerz vergessen habe? Sogar an die Schmerzen bei Parties erinnere ich mich.

»Ich erinnere mich haargenau an jeden Augenblick«, sagte ich. »Und außerdem mag ich keine Schwangerschaftsstreifen. Ich kann sie nicht leiden, besonders an meinen Oberschenkeln nicht« (die abgesehen davon herrlich sind und auf die ich stolz bin). Niemand hatte mir gesagt, daß mein Körper nach der Geburt eines Kindes nicht mehr derselbe sein würde. Ich habe Dinge gehört wie: »Ach, deine Figur, und vor allem deine Brüste (deretwegen ich auch eitel bin) werden schöner sein als je zuvor.« Sie wurden schlaff.

Und warum bekam ich dann überhaupt ein Kind?

Aus Wißbegier. Langeweile. Um den Einberufungs-
befehl zu umgehen. Von diesen drei Gründen kann nur
der erste mich rechtfertigen. Wißbegier ist mein Natur-
zustand, und sie hat mich Hals über Kopf in alle lohnen-
den Erfahrungen hineingezogen (von den anderen ganz
zu schweigen), die ich je gemacht habe. Sie rechtfertigt
sich selbst. Langeweile bedeutet in meinem Fall eine
Flaute in der Schriftstellerei, emotionale Distanz zu der
politischen Bewegung, für die ich mich jeweils engagiere,
die Unfähigkeit zu gärtnern, lesen oder tagträumen –
leicht zu ertragen, wenn es mindestens ein Dutzend gu-
ter Filme in der Gegend gibt, die mich reizen. Doch ach,
in Jackson, Mississippi, wo mein Mann Mel und ich 1968
wohnten, gab es wenige. Was die Einberufung anging,
hatten wir drei Wahlmöglichkeiten: die erste, daß Mel
aus Gewissensgründen verweigerte, wurde sofort abgelehnt, ebenso wie der Ersatzdienst, was in seinem Fall bedeutet hätte, in Mississippi die Rassenschranken aufzuhe-
ben; die zweite war, nach Kanada zu ziehen, was mich
nicht gerade begeisterte, aber was ich gerne getan hätte,
um Mel damit das Gefängnis zu ersparen (Vietnam kam
für uns niemals in Frage); die dritte war, Mel, wenn er
nicht rechtzeitig sechsundzwanzig werden konnte, zum
Familienvater zu machen.

Aus meinem Tagebuch, Juli 1968

*Jetzt gehört uns also unser Haus. Sicher nur auf kurze
Zeit. Und wenn die Einberufung kommt, bevor ich mit Sicherheit schwanger bin, was werden wir dann tun? Nach
Kanada ziehen? Mel haßt es genau so wie ich, davonzulau-
fen, deshalb leben wir ja in Mississippi. Ich hasse dieses
Land, einschließlich der Tatsache, daß man gezwungen werden kann, es zu verlassen ...*

2. Januar 1969 (zwei Monate, bevor ich schwanger wurde):

Nur noch zweieinhalb Monate bis Mel 26 ist. Wenn wir es schaffen, ohne aus dem Land »fliehen« zu müssen, werden wir dankbar sein. Ich finde immer noch, daß die Einberufungsbehörde Nerven hat, von ihm zu verlangen, in die Armee einzutreten. Er ist bereits in der Armee.

Die schlimmen Tage vergingen in Depression, Angst, Wut auf den Krieg und einem Zustand der Besorgnis über die Menge des jährlichen Niederschlags in Vancouver und das langsame Tempo des »Fortschritts« in der Rassenfrage in Mississippi. (Politiker wurden als »progressiv« betrachtet, wenn sie bei der Kandidatur für ein bestimmtes Amt verkündeten, sie seien ein Kandidat für *alle*; dies war ihrer Meinung nach ein subtiler Hinweis für die Schwarzen, daß ihre Existenz anerkannt würde.) Und zusätzlich versuchte ich, schwanger zu werden.

Die guten Tage verbrachte ich damit, zu unterrichten, ein einfaches Geschichtsbuch zur Verwendung in schwarzen Kinderbetreuungszentren in Jackson zu schreiben, Autobiographien schwarzer Frauen aufzuzeichnen, einen Quilt zu nähen (afrikanische Stoffe, ein Fadenmuster aus Mississippi), mein zweites Buch, einen Roman, zu beenden – und damit, zu versuchen schwanger zu werden.

Drei Tage, nachdem ich den Roman beendet hatte, wurde Rebecca geboren. Die Schwangerschaft: die ersten drei Monate übergab ich mich. Die mittleren drei fühlte ich mich wohl und flog los, um in Mexiko Ruinen zu besichtigen. Die letzten drei war ich mit 170 Pfund so dick, daß ich wie jemand anders aussah, und das gefiel mir gar nicht.

Was wahr ist am Kindergebären ist … daß es ein Wunder ist. Vielleicht ist es sogar das einzige echte Wunder im Leben überhaupt (was übrigens in vielen »primitiven« Religionen der grundlegende Glaubensinhalt ist). Das »Wunder« des Nichtseins, des Todes, verblaßt zweifelsohne daneben, möchte ich annehmen.

Erstens konnte ich, obwohl mein Bauch riesig groß war und das Baby(?!) ständig Turbulenzen darin bewirkte, nicht glauben, daß ein Kind, ein Mensch, aus mir herauskommen könnte. Ich meine, wenn man bedenkt, was hineingegangen war. (Männer haben allen Grund, auf den Schoß neidisch zu sein. Ich bin selbst neidisch auf ihn, und dabei habe ich einen.) Aber da war sie, kam heraus, eine lange schwarze, sich ringelnde Locke war das erste, was man von ihr sah, gefolgt von fast zehn Pfund – eines menschlichen Wesens! O Leserin, ich riß vielleicht die Augen auf!

Doch diesen hymnischen Lobgesang habe ich schon öfter gehört, und ich werde mir nicht erlauben, ihn zu wiederholen, da es in der Tat sehr wenige Variationen gibt, und selbst diese sind inzwischen langweilig und verstaubt. Sie waren schon bei der Geburt Jesu langweilig und verstaubt, was zweifellos der Grund ist, warum die Jungfrauengeburt und die Unbefleckte Empfängnis der letzte Schrei wurden.

Das Entscheidende war, daß ich mich ein für alle Mal verwandelt hatte. Aus einer Frau, deren »Schoß« in gewisser Weise der Kopf gewesen war – das heißt, bestimmte kleine Samen waren hineingegangen und ziemlich andere, wenn nicht größere oder bessere »Schöpfungen« waren herausgekommen – zu einer Frau, die … zwei Schöße hatte! Nein. Zu einer Frau, die Bücher geschrieben hatte, mit ihrem Kopf empfangen hatte, die aber auch zumindest ein menschliches Wesen in ihrem Körper erzeugt hatte. In dem ungeheuren allgemeinen Vorrat von *literarischen* Frauen-Torheiten entdeckte ich folgende Warnungen: »In der Vergangenheit waren die meisten schreibenden Frauen kinderlos« – Tillie Olsen. Kinderlos und *weiß*, fügte ich im Geiste hinzu. »Diese Dichterinnen dürfen doch keine Kinder haben, Mann«, soll John Berryman, seinerseits ein Selbstmord-Poet, gesagt haben. Sodann von »Anonym«, einer Frau, die einen so oft entmutigt: »Frauen sind nicht so schöpferisch wie Männer, denn sobald eine Frau ein Kind hat, kann sie sich ihrer Arbeit nicht mehr so widmen wie ein Mann.«

Nun, ich fragte mich, mit großer Furcht (und Groll gegen all diese schlechten Nachrichten), wo ist jetzt die Spaltung in mir? Welchen Schaden habe ich davongetragen? *Bin ich erledigt?* So viele der Frauen-Torheiten, literarische und andere, geben uns das Gefühl, von der Erfahrung beengt anstatt bereichert zu werden. Um mein Baby geschmiegt, mit mehr ärgerlichen und beschützenden Gefühlen als liebenden, fielen mir mindestens zwei Quellen des Widerstands gegen die Frauen-Torheiten ein. In ihnen fehlt völlig die Überzeugung, daß Frauen die Fähigkeit besitzen, ihr Leben über längere Perioden als neun Monate hinaus zu planen, und ihnen fehlt der Mut, zu glauben, daß die Erfahrung, und der Ausdruck dieser Erfahrung, auch einfach nur »anders« sein könnte, vielleicht sogar einmalig, nicht nur »größer« oder »geringer«. Die Kunst oder die Literatur, die uns das Leben rettet, ist für uns ohnehin *großartig*; mehr als das brauchen wir, wie eine Person bei Grace Paley sagen könnte, nicht zu wissen.

Es half mir ungeheuer, daß ich zu dem Zeitpunkt, als Rebecca geboren wurde, keine Zweifel mehr daran hatte, daß ich eine Schriftstellerin sei. (Zweifel daran, ob ich vom Schreiben *leben* könnte, dagegen immer.) Und ich schrieb, Tag und Nacht, immer, und es war nicht meine freie Wahl, so wie ein Kind zu bekommen meine freie Wahl war, sondern eine Notwendigkeit. Wenn ich nicht schrieb, dachte ich daran, Bomben zu basteln und sie zu werfen. Oder daran, Rassisten zu erschießen. Daran, mich selbst zu beseitigen – so schmerzlos und säuberlich wie möglich (außer wenn ich tagträumend in rebellischen Kamikaze-Techniken schwelgte). Das Schreiben bewahrte mich vor der Sünde und den *Unannehmlichkeiten* der Gewalt – so wie es die meisten Schriftsteller, die zu »interessanten« repressiven Zeiten leben und nicht mit persönlicher Immunität geschlagen sind, vor der Gewalttätigkeit bewahrt.

Während einer Periode, in der Rebecca und ich beide krank waren – wir waren für eineinhalb Jahre nach New England gezogen, weil ich eine Pause von Mississippi brauchte – begann ich zu verstehen, daß ihre Geburt und die Schwierigkeiten, die sie uns bescherte, mich mit einem Kern von Erfahrung und einer Tiefe der Verpflichtung meinem eigenen Leben gegenüber verband, die anders schwer zu begreifen gewesen wären. Ihre Geburt war das unvergleichliche Geschenk, die Welt aus einem ganz anderen Blickwinkel als zuvor zu sehen und sie mit Maßstäben zu bewerten, die weit über mein natürliches Leben hinaus Gültigkeit haben würden. Sie zwang mich auch dazu, instinktiv das Bedürfnis von Frauen nach einem Vorrat von »Frauen-Torheiten« zu verstehen, und mich trotzdem in meiner Ablehnung dagegen auf sicherem Boden zu fühlen. Doch auch Ablehnung hat ihren Schmerz.

Distanz ist erforderlich, sogar jetzt noch.

Von einer gar greulichen und doch nützlichen gemeinsamen Krankheit, welche unsere Pilgerin lehrt, daß ihr Kind in dieser Welt der Sorgen das geringste ihrer vieltausendfachen Hindernisse genennet werden kann –

Krankheit ist für mich schon immer von enormem Gewinn gewesen. Man könnte sogar sagen, daß ich nur wenig aus dem gelernt habe, was mich nicht in irgendeiner Form krank gemacht hat.

Das Bild ist kein ungewöhnliches: eine Mutter und ein kleines Kind, denen die Härte des Winters in New England neu ist, in der schlimmsten Grippewelle des Jahrhunderts. Die Mutter mit der Grippe ans Bett gefesselt, das Kind heiß vor Fieber und Keuchhusten. Die Mutter ruft eine Nummer an, die ihr jemand gegeben hat, einen berühmten Kinderarzt – dessen weitverbreitete Schriften ihn als einfühlsam, witzig, ein wenig feministisch sogar, ausweisen – um kurzangebunden gesagt zu bekommen, daß sie ihn auf keinen Fall und zu keiner Zeit zu Hause anzurufen habe. Darüber hinaus mache er niemals Hausbesuche, und all dies wird im kältestmöglichen Ton bestellt.

Doch da er der einzige Kinderarzt ist, den sie an diesem merkwürdigen Ort kennt, zwingt sie sich am nächsten Morgen auf die Beine bei Temperaturen unter minus 20 Grad und heftigem Wind vom Fluß her, und sie bringt das Kind in seine Praxis. In Fleisch und Blut ist er kaum weniger kühl, aber als er sieht, daß sie schwarz ist, gibt er ein paar liberale Kommentare von sich, um ihr die Spannung zu nehmen. Sie findet es entsetzlich, als seine weißen Finger ihr Kind berühren.

Eine nicht ungewöhnliche Geschichte. Aber sie stellt Mutter und Kind auf ewig auf diejenige Seite der Gesellschaft, die diesem Mann gegenübersteht. Sie, die Mutter, beginnt, auf einer tieferen Ebene eine Geschichte zu verstehen, die sie Jahre bevor sie selbst ein Kind hatte, geschrieben hat, von einer schwarzen Mutter, sehr arm, die sich halb wahnsinnig sorgt, daß ihr Kind sterben könnte und kein Arzt kommen wird, um es zu retten, und Hilfe bei einem alten Hausmittel sucht, »starkem Pferdetee«. Das heißt Pferde-Urin. Natürlich stirbt das Kind.

Jetzt beginnt die Mutter auch neue Ebenen in den Geschichten zu sehen, die sie im Augenblick – schwindlig vor Fieber – entwirft: Natürlich, sagt sie und schlägt sich an die Stirn, alle Geschichte ist fließend; alle Ungerechtigkeit setzt sich irgendwo auf der Welt auf irgendeiner Ebene fort. Der »Fortschritt« berührt nur wenige. Nur die Revolution kann viele berühren.

Es war während dieser selben Periode, daß die Mutter, von ihrem Schmerzensbett wieder aufgestanden, mit wieder gesundem und sich an die Kälte gewöhnendem Kind, begriff, daß ihr Kind, ein Opfer der Gesellschaft, genau wie sie selbst – und sogar noch mehr, weil es noch unfähig war, die Straße ohne eine leitende Hand zu überqueren –, daß dieses Kind tatsächlich das geringste aller Hindernisse bei der von ihr gewählten Arbeit war. Dies ging ihr durch das folgende Erlebnis auf, das, obwohl geradezu übelkeitserregend, in ihr doch mehrere erwünschte und letztendlich gesunde Folgen zeitigte. Eine davon war die Leichtigkeit, mit der sie nun über alle Menschen, die so dachten und schrieben, als existiere sie gar nicht, hinwegging. Unter »sie« verstand sie selbstverständlich Mengen von Menschen, von denen sie zu jeder vorgegebenen Zeit in der Geschichte ja nur eine Repräsentantin war.

Unsere junge Mutter hatte einen Kurs über schwarze Schriftstellerinnen ausgearbeitet, den sie nun an einem weitgehend weißen Oberschichts-Frauen-College unterrichtete (ihre Studentinnen waren rassisch gemischt). Sie teilte dort ein Arbeitszimmer mit einer weißen feministischen Wissenschaftlerin, die Dichtung und Literatur lehrte. Diese Frau glaubte, die schwarze Literatur bestehe vorwiegend aus Nikki Giovanni, die sie offenbar einmal zufällig im Fernsehen gesehen hatte. Unsere junge Mutter war entsetzt. Sie machte es sich zur Gewohnheit, Bücher von Gwendolyn Brooks, Margaret Walker, Toni Morrison, Nella Larsen, Paule Marshall und Zora Neale Hurston mit dem Titel nach oben auf ihrem Schreibtisch liegen zu lassen, der direkt hinter dem der weißen feministischen Wissenschaftlerin stand. Für die wahrhaft gelehrte Feministin, dachte sie, ist das Subtile ausreichend. Sie hatte gehört, daß diese Wissenschaftlerin eine umfangreiche Studie über die weibliche Vorstellungswelt im Verlauf der Jahrhunderte schrieb, und welche weiblichen Vorstellungswelten waren besser als diejenigen, die auf ihrem Schreibtisch offen auslagen, meinte unsere Mutter, und welche Vorstellungswelt einer Frau war besser als ihre eigene, rechtbesehen; doch sie war bescheiden und, wie ich schon sagte, vertraute sie der Subtilität.

Zeit verging. Das gelehrte Werk wurde veröffentlicht. Dutzende mit Vorstellungskraft begabter Frauen zogen über seine Seiten. Sie waren alle weiß. Zeitungen des Status Quo, wie die *Times*, und liberale Infragesteller wie der *New York Review of Books* und die *Village Voice* und sogar feministische Zeitschriften wie *Ms.* (für die unsere junge Mutter später einmal arbeiten sollte) rezensierten diese Arbeit mit einem unterschiedlichen Ausmaß an Ernsthaftigkeit. Doch für unsere junge Mutter war schon der Index allein ausreichender Beweis, daß die Arbeit keine wahrhaft ernstzunehmende Wissenschaft sein konnte, sondern lediglich ernstzunehmender weißer weiblicher Chauvinismus. Und hierfür hatte sie wenig Zeit und noch weniger Geduld.

Im Vorwort zu ihrem Buch *The Female Imagination* versucht Patricia Meyer Spacks zu erklären, warum ihr Buch sich nur mit Frauen der »Anglo-amerikanischen literarischen Tradition« beschäftigt. (Sie meint natürlich mit den *weißen* Frauen in der anglo-amerikanischen literarischen Tradition.) Im Hinblick auf die Bücher, die sie durchzuarbeiten beliebt hat, schreibt sie: »Fast alle schildern das Leben weißer Mittelklasse-Frauen. Phyllis Chesler hat einmal festgestellt: ›Ich kann keine Theorie über die Psychologie von Frauen aus der Dritten Welt in Amerika anbieten ... Als einer weißen Frau widerstrebt es mir und bin ich auch unfähig, Theorien über Erfahrungen zu konstruieren, die ich nicht selbst gemacht habe.‹ So geht es auch mir: die Bücher, über die ich spreche, *beschreiben vertraute Erfahrungen, gehören einem vertrauten Kulturhintergrund an;* ihre besondere Unmittelbarkeit hängt zum Teil mit diesen Tatsachen zusammen. Meine Bibliographie stellt solchen Werken, *die jedermann kennt (Jane Eyre, Middlemarch)* andere Werke gegenüber, die bekannter sein sollten (*The Story of Mary*

MacLane). Trotzdem bleibt die Frage: Warum nur diese?«
(Hervorhebungen von mir.)

Warum nur diese? Weil sie weiß sind und aus der
Mittelschicht und weil für Spacks weibliche Vorstellungskraft über das beides nicht hinausgeht. Vielleicht ist
das ja wirklich die weiße weibliche Vorstellungskraft,
nämlich eine, der es »widerstrebt und die *unfähig* ist,
Theorien über Erfahrungen zu konstruieren, die ich
nicht selbst gemacht habe.« (Allerdings hat Spacks nie im
Yorkshire des neunzehnten Jahrhunderts gelebt, warum
also theoretisiert sie über die Brontës?)

Es war noch vonnöten, »The Dinner Party« zu sehen, um das Problem zu erhellen. 1975, als ihr Buch
*Through the Flower** erschien, stellte ich nach der Lek-
türe erstaunt fest, daß sie nichts von schwarzen Malerinnen wußte. Nicht einmal, daß es sie gibt. Deshalb war
ich erfreut zu erfahren, daß in der »Dinner Party« ein
Platz für schwarze Frauen gewissermaßen »gedeckt« war.
Die Erleuchtung kam, als ich davorstand.

Alle anderen Teller sind phantasievoll ausgestaltete
Scheiden (auch der, der wie ein Klavier aussieht, und
auch der, der so eine auffällige Ähnlichkeit mit einem Sa-
latkopf hat; natürlich spricht der Museumskatalog ge-
stelzt von »Schmetterlingen«). Der Teller für Sojourner
Truth ist der einzige in der Sammlung, der anstelle einer
Scheide ein Gesicht zeigt. Drei Gesichter vielmehr. Ein
weinendes (eine echte Klischee-Träne), das die »Unterdrückung der schwarzen Frau personifiziert«, ein zweites schreiendes (einen nicht weniger klischeehaften
Schrei) mit häßlichen kleinen spitzen Zähnen, »ihren

* deutsch: *Durch die Blume,* Reinbek 1984

Heroismus«, und ein drittes, in einem kitschig »afrikanischen« Muster, das lächelt; als habe die afrikanische Frau vor der amerikanischen Sklaverei keine Sorgen gehabt und habe auch heute noch keine.* (Natürlich könnte man vieles *dafür* anführen, durch ein Gesicht statt durch eine Scheide »personifiziert« zu werden, aber darum geht es in dieser Darstellung nicht.)

Mir kam der Gedanke, daß weiße Feministinnen sich vielleicht ebensowenig wie weiße Frauen im allgemeinen vorstellen können, daß schwarze Frauen überhaupt eine Scheide haben. Oder falls sie es sich vorstellen können, dann wäre der Weg dorthin, wo ihre Vorstellungskraft sie hinführt, vielleicht zu weit.

Es ist allerdings unmöglich, sich schwarze Frauen als Frauen vorzustellen, wenn man sie sich nicht mit einer Scheide vorstellen kann. Sojourner Truth hatte ganz bestimmte eine Scheide, wie ihr Klagelied über ihre Kinder zeigt, die aus ihrem Körper geboren und in die Sklaverei verkauft wurden. Wie ihr Kommentar zeigt (freimütig und nicht kitschig), daß keiner sie hörte, als sie den Kummer einer Mutter hinausschrie, außer Jesus. Man muß ihr doch wohl eine Scheide zugestehen, wenn man diese Worte liest. (Eine Scheide von der Farbe von Himbeeren und Brombeeren – oder heller und dunkler Muskatellertrauben – und von starker, silbriger Süße und dazu einem scharfen Geschmack von Salz.)

Und durch diese Scheide KINDER.

Vielleicht sind es die Kinder der schwarzen Frau, die

---

* Abgesehen von diesem Teller und der Wahl von Sacajawea (die Lewis und Clark auf ihrer Expedition in den Westen führte) als Gegenstand des Tellers für die indianischen Ureinwohner Amerikas gefiel mir Chicagos Kunst und ihr Mut sehr.

die weiße Frau ihr übelnimmt – weil sie ihren eigenen Kindern mehr anbieten kann und ihnen jedenfalls nicht die Sklaverei oder das Erbe der Sklaverei oder Armut oder Haß anbieten muß, nämlich: nach Rassen getrennte Schulen, Slums, von allem das Schlimmste. Denn diese Kinder der schwarzen Frau müssen der weißen ja ein immerwährendes Schuldgefühl vermitteln. Sie fürchtet sich davor, sich klarzumachen, daß schwarze Frauen das Beste für ihre Kinder wollen, genau wie sie auch. Aber sie weiß auch, daß schwarze Kinder in dieser Welt weniger haben müssen, damit *ihre* Kinder, die weißen Kinder, mehr haben (in einigen Ländern alles).

Also lieber leugnen, daß die schwarze Frau eine Scheide hat. Der Mutterschaft fähig ist. Eine Frau ist.

So, dachte unsere Mutter, ihr Baby mit der einen Hand wiegend, während sie mit der anderen Klausuren benotete (sie empfand das Unterrichten als bestens vereinbar mit dem Sorgen für ein Kind), die Kräfte der Opposition sind also klar erkennbar. Glücklicherweise hatte sie niemals geglaubt, daß all die weißen Frauen, die sich als Feministinnen bezeichneten, deshalb weniger rassistisch seien; denn eine ehrgeizige Arbeit nach der anderen kam aus den Druckerpressen des Landes, und in ihnen offenbarten sich die weißen Feministinnen, mit einigen wenigen rühmlichen Ausnahmen (und unsere Mutter betrachtete Tillie Olsens *Silences* als die rühmlichste), als ebenso unfähig wie weiße und schwarze Männer das Schwarzsein und Feministinsein in ein und demselben Körper zu begreifen, geschweige denn in ein und demselben Geist. Als 1976 Ellen Moers Buch *Literary Women: The Great Writers* veröffentlicht wurde – in dem Lorraine Hansberry als Alibi für das benutzt wurde, was auch in Zukunft nicht in die Frauenliteratur aufgenommen werden sollte – war unsere Mutter wieder gesund. Wortwechsel wie den folgenden, die sich entspannen, wo immer sie zu Vorträgen eingeladen war, bewältigte sie mit Bravour.

WEISSE FEMINISTISCHE STUDENTIN: »Finden Sie, daß schwarze Künstlerinnen in der Schwarzen Gemeinschaft arbeiten sollten?«

UNSERE MUTTER: »Ja, zumindest einen Teil ihres Lebens. Vielleicht ein paar Jahre, nur um etwas von dem zurückzugeben, was sie selbst bekommen haben.«

WEISSE FEMINISTISCHE STUDENTIN: »Aber wenn Sie sagen, daß schwarze Frauen in der Schwarzen Gemeinschaft arbeiten sollten, dann implizieren Sie damit, daß Rasse vor Geschlecht kommt. Wie steht es mit schwarzen Feministinnen? Sollte man auch von ihnen erwarten, in der Schwarzen Gemeinschaft zu arbeiten? Und wenn ja, ist dies nicht ein Verrat an ihrem Feminismus? Sollten sie nicht lieber nur mit Frauen zusammen arbeiten?«

UNSERE MUTTER: »Aber bei den Schwarzen gibt es nun mal zwei Geschlechter.«

(Pause, während das weitgehend weiße Publikum und einige wenige verblüffte Schwarze diese Möglichkeit erwägen.)

Im Vorwort zu ihrem Buch schreibt Ellen Moers: »Ebenso wie wir heute versuchen, die Frauenliteratur des großen feministischen Jahrzehnts, den Neunziger Jahren des 18. Jahrhunderts, zu begreifen, als Mary Wollstonecraft ›aufflammte‹ und starb, und als Mme de Stael nach

England kam und Jane Austen volljährig wurde, so werden die Historikerinnen der Zukunft versuchen, die Frauenliteratur der Sechziger und Siebziger Jahre unseres Jahrhunderts in eine Ordnung zu bringen. Sie werden Sylvia Plath als Schriftstellerin und Dichterin berücksichtigen müssen; was aber werden sie mit ihrer Zeitgenossin und Landsmännin, der Dramatikerin Lorraine Hansberry anfangen? Zwei Jahre vor Plath geboren, und zwei Jahre nach ihr, mit Anfang dreißig schon tot, war Hansberry nicht ein Opfer des Selbstmord, sondern ein Opfer des Krebs'; sie verteidigte ebenso beredt das Leben wie Plath brillant den Tod umbuhlte. *Die Historikerinnen der Zukunft werden sich zweifellos mit dem Titel von Lorraine Hansberry posthum erschienenen Buch zufrieden geben* (das diesen Titel nicht von ihr selbst bekam, sondern von ihrem ehemaligen Mann, der ihr Nachlaßverwalter wurde): *To Be Young, Gifted, and Black* (Jung sein, begabt und schwarz); und sie werden von ihrer Bewunderung für Thomas Wolfe sprechen; von Sylvia Plath dagegen werden sie sagen müssen: »Jung, begabt und *eine Frau*« (Hervorhebung von mir).

Es ist offenbar unbequem, wenn nicht gar eine ausgesprochene geistige Anstrengung für weiße Wissenschaftlerinnen, sich schwarze Frauen *als Frauen* zu denken, vielleicht weil »die Frau« (ebenso wie »der Mann« unter weißen Männern) ein Begriff ist, den sie für sich beanspruchen und nur für sich allein. Der Rassismus verfügt, wenn *sie* jetzt Frauen sind (vor Jahren waren sie Damen, aber die Moden wechseln), dann müssen schwarze Frauen notwendigerweise etwas anderes sein. (Als sie noch »Damen« waren, konnten die schwarzen Frauen »Frauen« sein, etc.)

Auf jeden Fall erwartet Moers, daß die »Historiker(innen) der Zukunft« genau so beschränkt sein werden wie die in der Vergangenheit und mindestens ebenso weiß. Sie kommt gar nicht auf den Gedanken, daß es weiße Frauen mit einem eher revolutionären als reaktionären oder liberalen Literaturverständnis sein könnten, geschweige denn *schwarze* Frauen. Und doch werden viele dies sein. Diese zukünftigen Literaturwissenschaftlerinnen, schwarze und weiße Frauen aus der arbeitenden Klasse, dürften keine Schwierigkeiten mehr haben zu begreifen: »Lorraine Hansberry – jung, begabt, schwarz, politisch engagiert, Frau, beredte Verteidigerin des Lebens« und »Sylvia Plath – jung, begabt, weiß, nicht politisch engagierte Frau (ja sogar schicksalshaft selbstzentriert), brillante Buhlerin des Todes.«

Von der fortgesetzten Pilgerfahrt unserer Mutter zur Wahrheit, auf Kosten des eitlen Stolzes, oder: Ein weiterer Fluß zu überqueren.

Es war ein Fluß, von dessen Vorhandensein sie nicht einmal eine Ahnung hatte. Daher ihre Schwierigkeiten beim Überqueren.

Unsere Mutter war froh, während der Zeitspanne der oben erwähnten Offenbarungen – die alle letztendlich für ihre geistige Gesundheit heilsam waren – eine Gelegenheit zu haben, zu einer großen Gruppe gebildeter und erfolgreicher schwarzer Frauen zu sprechen. Sie hatte angemessenen Respekt sowohl für Bildung als auch für Erfolg, da beides ihrer Meinung nach oft notwendig war, so dachte sie, um die Schmerzen und Ängste der Frauen zu begreifen, die keins von beidem haben. Sie sprach lobend von der schwarzen *Herstory**; sie sprach, wie sie es oft tat, bewußt von ihrer Mutter (die einstmals weder in der Literatur noch in der Geschichte erwähnt wurde); sie sprach von dem erschreckenden Anstieg der Selbstmordziffern unter jungen schwarzen Frauen in ganz Amerika. Sie forderte diese schwarzen Frauen auf, sich zu dieser Krise zu äußern. Sich sozusagen zu sich selbst zu äußern.

Unsere Mutter wurde mitten in ihrer Rede unterbrochen. Ihr wurde gesagt, sie bausche die schwarze Frauengeschichte (*herstory*) zu stark auf. Sie dürfe nicht davon ausgehen, daß ihre Mutter die armen Mütter der ganzen Welt repräsentiere (wovon sie allerdings ausging), und ihr wurde gesagt, daß es die schwarzen Männer seien, die man ansprechen müsse; daß doch jedermann wisse, auch wenn offenbar mehr schwarze Frauen als schwarze Männer Selbstmord begingen, daß die schwarzen Frauen doch die stärkeren seien. Die Frauen, die Selbstmord begingen, seien einfach nur krank, sie litten anscheinend an einer eingebildeten oder jedenfalls grundlosen Krankheit. Darüber hinaus bekam unsere Mutter zu hören: »Unsere Männer brauchen Unterstützung, *ganz gleich was sie tun.*« Da so viele »unserer Männer« zu dieser Zeit herzlich wenig anderes taten als schwarze Frauen schlecht zu machen (und vor allem solche gebildeten und »erfolgreichen« schwarzen Frauen wie die hier versammelten), wenn sie sich überhaupt dazu herabließen, sie wahrzunehmen, und da dieses Schlechtmachen und im Stich lassen direkte Ursachen

---

* Wortspiel *his*story – *her*story (= *ihre* Geschichte, das heißt die Geschichte der Frau)

zumindest einiger Selbstmorde waren, war unsere Mutter zutiefst beunruhigt.

Doch zog unsere Mutter nicht einen einzigen Augenblick lang die Möglichkeit in Betracht, etwas anderes als schwarz und eine Frau zu sein. Sie befand sich in einer doppelten schweren Lebenslage. Und, um ehrlich zu sein, sie genoß es sogar, in einem einzigen Leben in mehr Schwierigkeiten zu stecken als alle anderen. Sie war in ihrer auf Hindernisse versessenen Art ein Snob.

Doch während sie sich von diesem Anschlag auf ihr uneingeschränktes Vertrauen in *alle* schwarzen Frauen (das dumm war wie natürlich jedes kategorische Vertrauen) erholte, begann sie ein einfaches Prinzip zu verstehen: Menschen erscheinen nach außen nicht gern als die Dummen: und nur um den Anschein der Dummheit zu vermeiden, sind sie oft willens, tatsächlich die Dummen zu bleiben. Dies führte bei ihr geradewegs zu einem klaren Verständnis der Haltung vieler schwarzer Frauen der Frauenbewegung gegenüber.

Diese schwarzen Frauen hatten erkannt, vielleicht früher als unsere Mutter selbst (die für ihren Optimismus hinsichtlich jeden progressiven Gruppenbemühens berüchtigt war), daß weiße »Feministinnen« sich sehr oft in ihrem Verhalten nicht von anderen Weißen in Amerika unterscheiden. Sie gab den weißen *Feministinnen* nicht die Schuld für die umgestürzten Schulbusse von Baton Rouge bis Boston, wie viele schwarze Frauen das taten, oder dafür, daß die schwarzen Schulkinder geschlagen oder bespuckt wurden. Aber die Ausstellung der Malerinnen im Brooklyner Museum, die mußte man sich wahrhaftig einmal ansehen!

(»Sind hier denn keine schwarzen Malerinnen reprä-
sentiert?« fragte man eine weiße Feministin.

Dies ist eine *Frauen*ausstellung!« antwortete sie.)

**Über die Notwendigkeit eines internationalen Zu-
sammenschlusses mit Nichtamerikanerinnen, Nicht-
europäerinnen und Nichtchauvinistinnen gegen
männliche Vorherrschaftler oder weiße Vorherrschaftler, wo immer sie auf der Welt existieren, verbunden mit einer Würdigung aller weißer amerikanischer Feministinnen, die mehr aus der nichtweißen
Frauengeschichte kennen als »And Ain't I a
Woman?« (»Und bin ich keine Frau?«) von Sojourner
Truth.**

Niemals, wenn jemand von der »Frauenbewegung«
sprach, glaubte unsere Mutter, dies beziehe sich nur auf
die Frauenbewegung in Amerika. Wenn sie an Frauen in
Bewegung dachte, dachte sie automatisch an alle Frauen,
überall auf der Welt. Sie erkannte, daß es äußerst abträg-
lich für die Solidarität unter den Frauen sein würde und
es außerdem auch die optimistischsten Geister deprimie-
ren müsse, die Frauenbewegung als isoliert von der restlichen Welt zu sehen, bei all dem Rassismus, Sexismus, bei
dem elitären Verhalten und der Ignoranz so vieler amerikanischer Feministinnen. Unsere Mutter war herumge-
kommen und hatte allen Grund zu verstehen, daß die
Freiheit der Frauen eine Idee war, deren Zeit gekommen
war, und daß es eine Idee war, die die Welt mitreißen
mußte.

Die Frauen in China tragen die Hälfte des Himmels.
Sie, die einst Füße von der Größe von Essiggürkchen

hatten. Die Frauen Kubas, die die kombinierte Unterdrückung des afrikanischen und spanischen Macho bekämpfen, wissen, daß ihre Revolution »Scheiße« sein wird, wenn sie diejenigen sind, die die Wäsche und das Geschirr waschen und die Böden putzen, nachdem sie den ganzen Tag Seite an Seite in der Fabrik und auf dem Feld mit ihren Männern daran gearbeitet haben, »die Revolution zu machen«. Die Frauen von Angola, Mozambique und Eritrea haben das Gewehr genommen und fordern, auf die Waffe gestützt, ihr Recht, den Feind im Innern ebenso zu bekämpfen wie den Feind von außen. Der Feind im Innern ist das patriarchalische System, das die Frauen seit Menschengedenken praktisch als Sklaven gehalten hat.

Unsere Mutter begriff, daß in Amerika die weißen Frauen, die wahre Feministinnen sind – für die infolgedessen Rassismus eine Unmöglichkeit ist –, zahlenmäßig bei weitem von den weißen Durchschnittsamerikanerinnen übertroffen werden, für die der Rassismus, insofern als er das weiße Privileg garantiert, eine akzeptierte Lebenshaltung ist. Natürlich werden viele dieser Frauen, um »in« zu sein, sich unter dem feministischen Banner versammeln, weil dort der Ort ist, wo man sich zeigt. Für die farbigen Frauen ergab sich also die Aufgabe, zwischen denen, die echte Feministinnen waren, und denen, die es nicht waren, zu unterscheiden, und nur dann Energie in feministische Zusammenarbeit zu stecken, wenn das Risiko gering ist, sie zu vergeuden. Die Schärfe dieser Unterscheidung wird Frauen schwarzer Hautfarbe unvermeidlich zurück in ihre eigenen Reihen verweisen, wo es in der Tat viel Arbeit, feministische Arbeit, zu tun gibt. Angefangen vom Unterbinden der Klitorisbeschneidung und der »Frauenbeschneidung« in großen Teilen Arabiens und Afrikas, bis hin zum Heizen eiskalter städtischer Kellerwohnungen, in denen arme Mütter mit Kindern allein eingesperrt sitzen und sich zu Tode frieren. Von der Ermutigung von Künstlerinnen in Lateinamerika bis hin zur Gründung der ersten feministischen Verlage für farbige Frauen in Nordamerika. Vom Verhindern von Pornographie, Kindersklaverei, erzwungener Prostitution und der sexuellen Belästigung Minderjähriger zu Hause und am Times Square bis hin zur Verteidigung von Frauen, die in der ganzen Welt jeden Samstag abend von ihren Ehemännern geschlagen und vergewaltigt werden.

In dem Maße wie schwarze Frauen sich von der Frauenbewegung lossagen, geben sie ihre Verantwortung für die Frauen in der ganzen Welt ab. Dies ist eine ernsthafte Absage an und ein Mißbrauch radikaler schwarzer frauengeschichtlicher Tradition: Harriet Tubman, Sojourner Truth, Ida B. Wells und Fannie Lou Hamer hätten keinen Gefallen daran gefunden. Und auch ich nicht.

Vor der Ankunft der Europäer standen die Ohlone Hunderte, vielleicht Tausende von Jahren vor Tagesanbruch auf, stellten sich vor ihre Binsenhütten und riefen nach Osten gerichtet der aufgehenden Sonne Worte der Begrüßung und der Ermutigung entgegen. Sie riefen die Sonne an und redeten mit ihr, weil sie glaubten, sie höre ihnen zu, sie werde ihre Ratschläge und Bitten beachten. Sie riefen sie der Sonne entgegen, weil ... sie das Gefühl hatten, daß die Sonne ihnen in ihrer Natur sehr ähnlich sei.

Die Ohlone waren ganz anders als wir. Sie hatten andere Werte, Technologien und eine andere Art, die Welt zu sehen. Diese Unterschiede sind auffallend und aufschlußreich. Und doch gibt es etwas, das jenseits aller Unterschiede liegt. Denn wenn wir uns recken und uns mühen, durch die verschiedenen Fenster in die Vergangenheit zu schauen, sehen wir nicht nur ein vergangenes Volk, das jagt, fischt und sich die Körper bemalt und seine Tänze tanzt. Wenn wir lange genug hinsehen, wenn wir bei ihrer Freude, ihrer Furcht und ihrer Hochachtung verweilen, so können wir am Ende kurze Blicke von fast vergessenen Seiten in uns selbst erhaschen.

Malcolm Margolin, Indian Life in the San Francisco-Monterey Bay Area

Nur du und ich, wir können helfen, daß die Sonne jeden Morgen wieder aufgeht.

Tun wir es nicht, so vergeht sie vielleicht vor Gram.

Joan Baez, Platten-Cover von »Farewell Angelina«

Aus meinem Tagebuch in Jackson, Mississippi am 15. Juni 1972:

Wenn man lange genug lebt, wird nichts mehr sehr bedeutsam scheinen und auch die Vergangenheit nicht sehr schmerzhaft. (Dies erscheint einem an manchen Tagen wahrer als an anderen.)

Rebecca sagte heute: »Ich kann Suppe kochen und Eier und Fenster!«

Sie sagte auch, als sie am Küchentisch Buchstaben malte: »A, I und O.« Dann: »Oh-oh, das O ist ja verkehrt herum!«

Ich habe kaum ein schlechtes Gewissen wegen der Zeit, die ich für meine Arbeit brauche, obwohl sie eigentlich meiner Tochter »zusteht«. Ich war erstaunt darüber, daß sie da sein und ich zur gleichen Zeit ein Buch lesen konnte. Und daß sie so leicht lernte, daß es außer mir auch noch anderes gibt, das sie genießen kann. Zwischen einem geistesabwesenden, gequälten Erwachsenen und einem liebevollen Babysitter oder einem Nachbarskind, das man dazu bringen kann, einen Ball zurückzuwerfen, gibt es keine Konkurrenz.

Es kam der Tag, nachdem ich fünf Jahre lang an *Meridian* geschrieben hatte (einem Buch »über« die Bürgerrechtsbewegung, den Feminismus, den Sozialismus, der Wankelmut von Revolutionären und die Radikalisierung von Heiligen – die Sorte Buch aus den politischen Sechzigerjahren, die es, wie die weiße feministische Geisteswissenschaftlerin Francine du Plessix Gray kürzlich im *New York Times Book Review* erklärte, nicht gibt), an dem ich einen stechenden Schmerz empfand.

Ich schrieb folgendes mich selbst bemitleidende Gedicht:

Jetzt, wo das Buch beendet ist,
jetzt, wo ich weiß, daß meine Personen leben werden,
kann ich mein Kind wieder lieben.
Nicht länger muß sie hinten
in meinen Gedanken sitzen,
das einsame Lutschen am Daumen
ein riesiger Pfropfen in meinem Hals.

Aber dies war auch ebensosehr ein Feiern wie sonst etwas. Schließlich war das Buch fertig, die Gestalten würden leben, und natürlich hatte ich meine Tochter die ganze Zeit über geliebt. Was den »riesigen Pfropfen in meinem Hals« angeht, so ist das vielleicht die Angst davor, nicht mehr sprechen zu können, stumm zu werden, unter der Schriftsteller von Zeit zu Zeit leiden. Die Arbeit an sich – die eine oft erdrückend quälende Strenge gegen sich selbst erfordert – wird von dieser Angst viel mehr gefährdet als von der Existenz einer Tochter, die ohnehin spätestens im Alter von sieben Jahren eine Freundin ist, der man von seinen Ängsten erzählen kann, die sie wiederum zu vertreiben helfen kann, indem sie zuhört, einem vielleicht einen neuen Tanzschritt zeigt oder ein Malbuch mit einem teilt oder einen umarmt.

Jedenfalls ist es nicht mein Kind, das mir (wie weiße Frauen) zu verstehen gibt: ich bin keine Frau; und es ist nicht mein Kind, das mir (wie schwarze Männer) vermittelt: ich habe keine Rechte.

Es ist nicht mein Kind, das mein Gesicht vom Blatt der Geschichte und der Frauengeschichte gelöscht hat und nur meine eigene GeschICHte übriggelassen hat, ein Rätsel; mein Kind liebt mein Gesicht, und hätte es gern auf jeder Buchseite, wenn sie könnte, so wie ich die Gesichter meiner Eltern über alle anderen geliebt habe und es abgelehnt habe, ihre Existenz leugnen zu lassen und mich geweigert habe, sie fallen zu lassen.

Es ist nicht mein Kind, das in gewisser Weise jenseits von alledem, aber in Wirklichkeit ein Teil davon, täglich den Planeten zerstört und jetzt die Zerstörung des Weltraums beginnt.

Wir sind zusammen, mein Kind und ich. Mutter und Kind, ja, doch in Wirklichkeit *Schwestern* gegen alles, das uns verweigert, was wir sind.

Lange Zeit hatte ich eine Karte, die ich selbst gebastelt habe, absichtlich aus falschem Glitzerzeug, über meinem Schreibtisch hängen:

Liebe Alice,
Virginia Woolf hatte den Wahnsinn
George Eliot hatte das Geächtetsein,
den Ehemann einer anderen
und wagte nicht, den eigenen Namen zu
benutzen.

Jane Austin hatte weder ein Privatleben
noch ein Liebesleben.
Die Schwestern Brontë gingen niemals aus
und starben jung
und abhängig von ihrem Vater.
Zora Hurston (ach!) hatte kein Geld
und schlechte Gesundheit.

Du hast Rebecca – die viel
entzückender ist und
und weniger Ablenkung
als alle obengenannten
Katastrophen.

1979

Schönheit:
Tanzen mit dem eigenen Selbst

Es ist ein strahlender Sommertag des Jahres 1947. Mein Vater, ein dicker, lustiger Mann mit wunderschönen Augen und einem umwerfenden Witz, versucht, sich zu entscheiden, welche seiner acht Kinder er zur County Fair mitnehmen soll. Meine Mutter wird natürlich nicht mitkommen. Sie ist schon erledigt davon, daß sie die meisten von uns hergerichtet hat: ich halte meinen Hals steif gegen den Druck ihrer Knöchel, während sie eilig mein Haar zuende flicht und es mit Schleifen schmückt.

Mein Vater ist der Chauffeur der reichen alten weißen Dame am Ende der Straße. Sie heißt Miss Mey. Sie besitzt das ganze Land auf Meilen im Umkreis sowie das Haus, in dem wir wohnen. Das einzige, was ich von ihr in Erinnerung habe, ist, daß sie meiner Mutter einmal fünfunddreißig Cents dafür angeboten hat, ihr Haus zu putzen, ganze Berge ihrer Magnolienblätter zusammenzurechen und die Kleider ihrer Familie zu waschen, und daß meine Mutter – sie, die kein Geld hatte, dafür aber acht Kinder und ein chronisches Ohrenleiden – es ablehnte. Aber daran denke ich im Jahre 1947 nicht. Ich bin zweieinhalb Jahre alt. Ich möchte überall hingehen, wo mein Daddy hingeht. Ich bin ganz aufgeregt bei der

Aussicht, in einem Auto zu fahren. Jemand hat mir erzählt, daß es an der County Fair lustig sei. Daß nur für drei von uns Platz im Auto ist, macht mir gar nichts. Glücklich drehe ich mich in meinem gestärkten Kleidchen hin und her, protze mit meinen auf Hochglanz polierten Lackschuhen und den lavendelfarbenen Söckchen, werfe den Kopf, so daß die Schleifen wippen und stelle mich, Hände in den Hüften, vor meinen Vater. »Nimm mich mit, Daddy«, sage ich voller Überzeugung, »ich bin die Schönste!«

Später bin ich nicht überrascht, mich tatsächlich in Mess Mey's glänzendem schwarzen Auto wiederzufinden, wo ich mir mit den anderen Glücklichen den Rücksitz teile. Nicht überrascht, daß ich die County Fair aus vollem Herzen genieße. Am Abend erzähle ich zu Hause den Unglücklichen alles, woran ich mich erinnern kann, von dem Karussell, dem Mann, der lebende Hähnchen verschluckt und den Teddybären, bis sie sagen: das reicht, Baby Alice. Halt jetzt den Mund und schlaf.

Es ist Ostersonntag 1950. Ich habe ein grünes Kleid mit Baumwollflocken und Muschelmuster an (von meiner mich anbetenden Schwester Ruth gehäkelt), zu dem ein glatter Satinunterrock gehört und winzige pinkfarbene Rosen, die in jeder Muschel stecken. Meine Schuhe: neue Lackschuhe mit Riemchen, und wieder auf Hochglanz poliert. Ich bin sechs Jahre alt und habe einen der längsten Ostersprüche gelernt, die an diesem Tag zu hören sind, nicht zu vergleichen mit dem Spruch, den ich aufsagte, als ich zwei war: »Osterlilien / weiß und rein / blühen auf im / Morgenschein.« Als ich aufstehe, um meinen Spruch herzusagen, tue ich es auf einer großen Welle von Liebe und Stolz und Erwartung. Die Menschen in der Kirche hören auf, mit ihren neuen Krinolinen zu rascheln. Sie scheinen den Atem anzuhalten. Daß sie mein Kleid bewundern, merke ich, aber insgeheim gilt ihr Beifall meinem Schwung, der an Forschheit (einer erwachsenen Frau) grenzt.

»Ist die Kleine nicht ungeheuerlich?« flüstern sie einander wohlgefällig zu.

Natürlich sage ich meinen Spruch ohne Stocken und Innehalten auf, nicht wie andere, die stottern, stammeln oder, am schlimmsten von allem, nicht mehr weiterwissen. Dies spielt sich ab, bevor es das Wort *beautiful* (schön) im Wortschatz der Leute gibt, aber häufig treibt ein: »Ach, ist sie nicht einfach goldig!« in meine Richtung. »Und hat so viel Verstand!« fahren sie erfreulicherweise fort ... und für diesen aufmerksamen Zusatz danke ich ihnen bis auf den heutigen Tag.

Es machte viel Spaß, goldig zu sein. Aber dann hörte es eines Tages auf.

Ich bin acht Jahre alt und ein Lausbub. Ich habe einen Cowboy-Hut, Cowboy-Stiefel, kariertes Hemd und Hosen, alles in rot. Meine Spielkameraden sind meine Brüder, zwei und vier Jahre älter als ich. Ihre Farben sind schwarz und grün, das ist der einzige Unterschied in unserer Kleidung. Samstagabends gehen wir alle ins Kino, sogar meine Mutter; Western sind ihre Lieblingsfilme. Wieder zuhause auf der »Ranch«, tun wir, als seien wir Tom Mix, Hopalong Cassidy, Lash LaRue (wir haben sogar einen unserer Hunde Lash LaRue getauft); wir jagen einander stundenlang, stehlen Vieh, sind Vogelfreie, erretten Jungfrauen aus der Not. Dann beschließen meine Eltern, meinen Brüdern Gewehre zu kaufen. Es sind keine »echten« Gewehre. Sie schießen »BBs«, eine Kupfermunition, mit der man, wie meine Brüder sagen, Vögel totschießen kann. Weil ich ein Mädchen bin, bekomme ich kein Gewehr. Unverzüglich werde ich zur Position des Indianers degradiert. Jetzt wird eine große Distanz zwischen uns sichtbar. Sie schießen und schießen, auf alles, mit ihren neuen Gewehren. Ich versuche, mit Pfeil und Bogen mitzuhalten.

Eines Tages, während ich auf unserer provisorischen »Garage« stehe – Blechstücke, die über ein paar Pfähle genagelt worden sind – und Pfeil und Bogen halte und dabei hinaus auf die Felder blicke, spüre ich einen unglaublichen Schlag in meinem rechten Auge. Ich schaue gerade noch rechtzeitig nach unten, um zu sehen, wie mein Bruder sein Gewehr sinken läßt.

Beide Brüder eilen an meine Seite. Mein Auge sticht, und ich halte es mit der Hand zu. »Wenn du was verrätst«, sagen sie, »kriegen wir Prügel. Das willst du doch nicht, oder?« Ich will es nicht. »Hier ist ein Stück Draht«, sagt der ältere Bruder und hebt es vom Dach auf, »sag, daß du auf das eine Ende getreten bist und das andere hochgeschnellt ist und dich getroffen hat.« Jetzt fangen die Schmerzen an. »Ja«, sage ich. »Ja, ich sage, daß es so passiert ist.« Wenn ich nicht sage, daß es so passiert ist, werden meine Brüder Mittel und Wege finden, mich wünschen zu lassen, ich hätte es gesagt, das weiß ich wohl. Aber jetzt im Augenblick bin ich bereit, alles zu sagen, wenn es mich nur zu meiner Mutter bringt.

Als die Eltern uns zur Rede stellen, bleiben wir bei

der Lüge, auf die wir uns geeinigt haben. Sie legen mich auf eine Bank auf der Veranda, und ich schließe mein linkes Auge, während sie das rechte untersuchen. Unter der Veranda wächst ein Baum hoch, der am Geländer entlang zum Dach hinauf klettert. Er ist das Letzte, was mein rechtes Auge sieht. Ich beobachte, wie sein Stamm, seine Äste und dann seine Blätter vom aufsteigenden Blut ausgelöscht werden.

Ich stehe unter Schock. Zuerst kommt ein starkes Fieber, das mein Vater zu brechen versucht, indem er Lilienblätter um meinen Kopf bindet. Dann kommen Schüttelfröste: meine Mutter versucht, mich dazu zu bringen, Suppe zu essen. Schließlich, ich weiß nicht wie, erfahren meine Eltern, was passiert ist. Eine Woche nach dem »Unfall« gehen sie mit mir zum Arzt. »Warum kommen Sie erst so spät?« fragt er, während er mir ins Auge schaut und den Kopf schüttelt. »Augen sind mitfühlend«, sagt er. »Wenn das eine blind ist, wird das andere wahrscheinlich auch blind werden.«

Diese Bemerkung des Arztes entsetzt mich. Aber in Wirklichkeit bekümmert mich am meisten, wie ich aussehe. An der Stelle, wo die BB-Kugel mich getroffen hat, ist ein weißlicher Klacks von Narbengewebe, ein häßliches Katarakt. Wenn ich jetzt Menschen anstarre – bisher eine meiner Lieblingsbeschäftigungen –, werden sie zurückstarren. Nicht auf das »goldige« kleine Mädchen, sondern auf ihre Narbe. Sechs Jahre lang starre ich niemanden an, weil ich den Kopf nicht hebe.

Jahre später frage ich, in den Wehen einer Midlife-Krise, meine Mutter und meine Schwester, ob ich mich nach dem »Unfall« verändert habe. »Nein«, sagen sie erstaunt. »Was meinst du?«

Was ich meine?

Ich bin acht und zum ersten Mal schlecht in der Schule, wo ich seit dem Alter von vier Jahren immer eine Art Wunderkind gewesen bin. Wir sind gerade erst in den Ort gezogen, wo der »Unfall« passiert ist. Wir kennen niemanden von den Leuten in der Gegend, weil dies ein anderer County ist. Die einzige Gelegenheit, bei der ich meine Freunde von früher sehe, ist, wenn wir in unsere frühere Kirche gehen. Die neue Schule ist das ehemalige Staatsgefängnis. Es ist ein großes Steingebäude, kalt und zugig, bis zum Rand mit ausgelassenen, undisziplinierten Kindern angefüllt. Im dritten Stock ist ein riesiger kreisförmiger Abdruck von einer Trennwand, die herausgerissen worden ist.

»Was war hier früher?« frage ich ein mürrisches Mädchen neben mir, als wir auf dem Weg zum Lunch daran vorbeigehen.

»Der elektrische Stuhl«, sagt sie.

Nachts habe ich Alpträume vom elektrischen Stuhl und von all den Menschen, die angeblich darin »gebraten« wurden. Ich habe Angst vor dieser Schule, in der alle Schüler angehende Kriminelle zu sein scheinen.

»Was ist mit deinem Auge los?« fragen sie mißbilligend. Wenn ich nicht antworte (ich kann mich nicht entscheiden, ob es ein »Unfall« war oder nicht), schubsen sie mich und fangen eine Schlägerei an.

Mein Bruder, der, der die Geschichte mit dem Draht erfunden hat, kommt mir zur Hilfe. Brüstet sich dann aber so sehr damit, mich »beschützt« zu haben, daß mir ganz schlecht wird.

Nach Monaten der Quälerei in dieser Schule beschließen meine Eltern, mich zurück in unsere alte Ge-
meinde, auf meine alte Schule zu schicken. Ich wohne
bei meinen Großeltern, zusammen mit einer Lehrerin,
die bei ihnen zur Miete wohnt. Aber es ist kein Platz für
Phoebe, meine Katze. Als meine Großeltern beschließen, daß doch Platz für sie ist, und ich nach meiner Katze frage, ist sie nicht aufzufinden. Miss Yarborough, die
Untermieterin, nimmt mich unter ihre Fittiche und beginnt, mir Klavierspielen beizubringen. Aber bald heiratet sie einen Afrikaner – einen »Prinzen«, wie sie sagt –
und wird auf seinen Kontinent entführt.

An meiner alten Schule ist zumindest eine Lehrerin,
die mich gern hat. Sie ist die Lehrerin, die mich schon
kannte, »bevor ich geboren wurde« und mir die ersten
Babykleider gekauft hat. Sie ist es, die mir das Leben er-
träglich macht. Ihre Gegenwart hilft mir schließlich,
mich gegen das einzige Kind an der Schule zu wehren,
das mich fortwährend »einäugige Hexe« nennt. Eines Tages packe ich ihn einfach an seiner Jacke und schlage ihn,
bis ich genug habe. Meine Lehrerin ist es, die mir sagt,
daß meine Mutter krank ist.

Meine Mutter liegt mitten am Tag im Bett, was ich
noch nie gesehen habe. Sie hat zu starke Schmerzen, um
zu sprechen. Sie hat einen Abszess im Ohr. Ich stehe da
und schaue auf sie hinunter und weiß, wenn sie stirbt,
kann ich nicht weiterleben. Sie wird mit warmen Ölen
behandelt und heißen Backsteinen, die man ihr an die
Wange hält. Endlich kommt ein Arzt. Aber ich muß zurück zu meinen Großeltern. Die Wochen vergehen, aber
ich merke es kaum. Ich weiß nur, daß meine Mutter vielleicht sterben muß, daß mein Vater nicht mehr so lustig

ist, daß meine Brüder immer noch ihre Gewehre haben, und daß ich diejenige bin, die von zu Hause weggeschickt worden ist.

»Du hast dich nicht verändert«, sagen sie.

Habe ich mir die Pein, die darin lag, niemals aufzuschauen, nur eingebildet?

Ich bin zwölf. Wenn Verwandte zu Besuch kommen, verstecke ich mich in meinem Zimmer. Meine Kusine Brenda, genauso alt wie ich, deren Vater auf der Post arbeitet und deren Mutter Krankenschwester ist, kommt mich suchen. »Hallo«, sagt sie. Und dann fragt sie, mit einem Blick auf mein neues Schulfoto, das ich gar nicht aufnehmen lassen wollte, und auf dem der »Klumpen«, wie ich ihn verstehe, deutlich sichtbar ist: »Kannst du mit dem Auge immer noch nicht sehen?«

»Nein«, sage ich und lasse mich zurück aufs Bett über mein Buch fallen.

In dieser Nacht verwünsche ich, wie fast jede Nacht, mein Auge. Ich tobe und geifere vor dem Spiegel. Ich flehe es an, bis zum nächsten Morgen klar zu werden. Ich sage ihm, daß ich es hasse und es verachte. Ich bete nicht darum, sehen zu können. Ich bete um Schönheit.

»Du hast dich nicht verändert«, sagen sie.

Ich bin vierzehn und hüte die Kinder für meinen Bruder Bill, der in Boston wohnt. Er ist mein Lieblingsbruder, und wir stehen einander sehr nahe. Da sie meine Gefühle der Scham und der Häßlichkeit verstehen, bringen er und seine Frau mich zu einer Klinik am Ort, wo der

»Klumpen« von einem Arzt namens O. Henry entfernt wird. Immer noch ist ein kleiner bläulicher Krater an der Stelle, wo das Narbengewebe war, aber das häßliche weiße Zeug ist verschwunden. Fast auf der Stelle werde ich ein ganz anderer Mensch als das Mädchen, das nie den Kopf gehoben hat. Oder ich glaube es jedenfalls. Jetzt, wo ich den Kopf gehoben habe, gewinne ich den Freund meiner Träume. Jetzt, wo ich den Kopf gehoben habe, habe ich viele Freundinnen. Jetzt, wo ich den Kopf gehoben habe, kommen die Aufgaben in der Schule genauso fehlerlos von meinen Lippen, wie einstmals die Ostersprüche, und ich verlasse die High School als Rednerin bei der Abschlußfeier, beliebteste Schülerin und als »Queen«, wobei ich mein Glück kaum fassen kann. Ironischerweise wurde das Mädchen, das in unserer Klasse als Schönste gewählt wurde (und es auch war), später von einem Lebensgefährten mit einem »echten« Gewehr zweimal in die Brust geschossen, als sie schwanger war. Aber das ist eine andere, eigene Geschichte. Oder doch nicht?

»Du hast dich nicht verändert«, sagen sie.

Es sind jetzt dreißig Jahre seit dem »Unfall« vergangen. Eine sehr schöne Journalistin kommt, zu Besuch und zum Interview mit mir. Sie wird für ihre Zeitschrift eine Titelgeschichte schreiben, in der es hauptsächlich um mein letztes Buch geht. »Überlegen Sie sich, wie Sie auf dem Titelbild aussehen wollen«, sagt sie. »Betörend schön oder wie sonst.«

Lassen wir ruhig das »betörend schön«, es ist das »oder wie sonst«, das ich höre. Plötzlich kann ich nur noch daran denken, ob ich wohl in der Nacht vor dem Fototermin genügend Schlaf bekomme: wenn nicht, wird mein Auge müde sein und abwandern, wie blinde Augen das tun.

Nachts im Bett mit meinem Liebhaber, denke ich mir Gründe aus, warum ich vielleicht doch lieber nicht auf dem Titelblatt einer Zeitschrift erscheinen sollte. »Die gemeinsten Kritiker werden sagen, daß ich meine Prinzipien verraten habe«, sage ich. »Meine Familie wird merken, daß ich skandalöse Bücher schreibe.«

»Aber was ist denn der wahre Grund dafür, daß du es nicht willst?« fragt er.

»Weil aller Wahrscheinlichkeit nach«, platze ich heraus, »mein Auge nicht gerade sein wird.«

»Es wird ausreichend gerade sein«, sagt er. Dann: »Außerdem dachte ich, du hättest damit deinen Frieden gemacht.«

Und plötzlich erinnere ich mich daran, daß ich das habe.

Ich erinnere mich:

Ich rede mit meinem Bruder Jimmy, frage ihn, ob ihm an dem Tag, an dem ich angeschossen wurde, etwas Ungewöhnliches aufgefallen ist. Er weiß nicht, daß dieser Tag meiner Meinung nach das letzte Mal war, an dem mein Vater mich mit seinem süßen Hausmittel, den kühlen Lilienblättern, behandelte, und daß ich darunter litt und innerlich deshalb wütete. »Also«, sagt er, »ich erinnere mich nur daran, daß ich mit Daddy am Rand des Highways stand, wo wir versuchten, ein Auto anzuhalten. Ein Weißer hielt, aber als Daddy sagte, er brauche jemand, um sein kleines Mädchen zum Arzt zu bringen, fuhr er weiter.«

Ich erinnere mich:

Ich bin zum ersten Mal in der Wüste. Ich verliebe mich haltlos in sie. Ich bin so überwältigt von ihrer Schönheit, daß ich zum ersten Mal bewußt die Bedeutung der Worte des Arztes vor Jahren erfasse: »Augen sind mitfühlend. Wenn eines blind ist, wird das andere möglicherweise auch blind.« Mir wird klar, daß ich wie verrückt in der Welt herumgehetzt bin, dieses angesehen, jenes angesehen, Bilder gegen das Verblassen des Augenlichts angesammelt habe. *Dabei hätte ich es leicht versäumen können, die Wüste zu sehen!* Der Schock dieser Möglichkeit – und Dankbarkeit für mehr als fünfundzwanzig Jahre Augenlicht – zwingt mich buchstäblich in die Knie. Gedicht auf Gedicht kommt mir – was vielleicht die Art und Weise ist, wie Dichter beten.

Augenlicht

Ich bin so dankbar, daß ich
Die Wüste sah
Und die Geschöpfe in der Wüste
Und die Wüste selbst.

Die Wüste hat ihren eigenen Mond
Den ich gesehen habe
Mit eigenem Auge.
Darauf steht keine Fahne.

Die Bäume der Wüste haben Arme,
Die alle immer erhoben sind
Und das kommt, weil der Mond oben ist
Die Sonne ist oben

Auch der Himmel
Die Sterne
Wolken
Nirgends Fahnen.

Wären dort Fahnen, so zweifle ich, daß
Die Bäume hinzeigen würden.
Du nicht?

Aber vor allem erinnere ich mich daran:
Ich bin siebenundzwanzig, und mein kleines Töch-
terchen ist fast drei. Seit ihrer Geburt mache ich mir
schon Gedanken darüber, wie sie entdecken wird, daß
die Augen ihrer Mutter anders sind als die anderer Menschen. Wird es ihr peinlich sein? denke ich. Was wird sie
sagen? Jeden Tag sieht sie im Fernsehen eine Sendung,
die »Die große blaue Marmel« heißt. Sie beginnt mit
einem Bild der Erde, so wie sie vom Mond aus erscheint.
Sie ist bläulich, sieht ein wenig zerbeult aus, ist aber voller Licht, und weißliche Wolken strudeln um sie herum.
Jedes Mal, wenn ich das sehe, weine ich vor Liebe, als sei
es ein Bild von Grandmas Haus. Eines Tages, als ich Rebecca mittags schlafen lege, richtet sie ihren Blick plötzlich auf mein Auge. Etwas in mir zieht sich zusammen,
bereitet sich darauf vor, mich zu schützen. Alle Kinder
sind grausam, wenn es um körperliche Andersartigkeit
geht, das weiß ich aus Erfahrung, und daß sie das gar
nicht immer beabsichtigen, ist eine andere Geschichte.
Ich gehe davon aus, daß es bei Rebecca auch so ist.
Aber nein, durchaus nicht. Sie studiert mein Gesicht
aufmerksam, während wir dastehen, sie in und ich vor
ihrem Gitterbettchen. Sie hält mein Gesicht sogar müt-

terlich zwischen ihren kleinen Grübchenhändchen. Dann sagt sie, und dabei sieht sie jeden Deut genau so ernsthaft und richterlich aus wie ihr Vater, sagt es so, als könnte es möglicherweise meiner Aufmerksamkeit entgangen sein: »Mami, in deinem Auge ist eine *Welt*.« (So wie: »Jetzt erschrick nur nicht gleich, und tu nichts Unbesonnenes.«) Und dann sanft, aber mit tiefem Interesse: »Mami, wie ist die Welt in dein Auge gekommen?«

Damals ließ der Schmerz zum größten Teil nach. (Was hieß es schon, daß meine Brüder heranwuchsen, um nun ihren Söhnen noch mächtigere Luftgewehre zu kaufen und selbst mit echten Gewehren herumzulaufen. Was hieß es schon, wenn ein junger Mann von Morehouse College einmal fast die Stufen der Trevor Arnett Bibliothek hinuntergefallen wäre, weil er dachte, daß meine Augen blau seien.) Weinend und lachend lief ich ins Badezimmer, während Rebecca sich in den Schlaf sang und murmelte. Ja, wahrhaftig, merkte ich, als ich in den Spiegel sah. In meinem Auge war wirklich eine Welt. Und ich sah, daß es möglich war, es zu lieben: daß ich es, trotz allem, was es mich an Scham und Ärger und inneren Bildern gelehrt hatte, tatsächlich liebte. Sogar wenn ich merkte, wie es bei Langeweile aus seiner Umlaufbahn trieb, oder aus Erschöpfung nach oben rollte, ganz zu schweigen davon, wie es in Momenten der Aufregung zurück in Habachtstellung schwamm (in den Zeugenstand, hat ein Freund das einmal genannt), meiner Persönlichkeit aufs Tiefste angemessen, und sogar ein Charakteristikum.

In dieser Nacht träume ich, daß ich zu Stevie Wonders Song »Always« (in Wirklichkeit heißt der Song »As«, aber ich verstehe »Always«) tanze. Während ich tanze, quirlig und voller Freude, glücklicher, als ich je in meinem Leben gewesen bin, gesellt sich eine andere, strahlende Tänzerin zu mir. Wir tanzen und küssen einander und halten einander die Nacht über in den Armen. Die andere Tänzerin ist offenbar unversehrt davongekommen, so wie ich auch. Sie ist wunderschön, heil und frei. Und auch sie bin ich.

1983

Alice Walker

*Das dritte Leben des
Grange Copeland*
Roman

In diesem, ihrem ersten Roman beschreibt
Alice Walker unsentimental und jenseits aller
»Vom Winde verweht«-Verklärung das harte Leben
der schwarzen Landbevölkerung in den Südstaaten, die
Aussichtslosigkeit und Armut, den Selbsthaß, die
Brutalität, die dumpfe Gewalt.
Grange Copeland hat versucht, einen Ausweg zu
finden. Er hat den Süden, hat Frau und Kind verlassen,
um im Norden eine menschenwürdigere Existenz zu
finden. Aber dort, in der Kälte, ist er erst richtig
heruntergekommen. Er kehrt zurück und sieht als alter
Mann für sich und seine Enkelin zum erstenmal
eine vage Hoffnung, ein Leben nach eigenen
Vorstellungen zu führen.

Frauenbuchverlag

Literatur aus Amerika

Goldmann
Taschenbücher

Allgemeine Reihe
Unterhaltung und Literatur
Blitz · Jubelbände · Cartoon
Bücher zu Film und Fernsehen
Großschriftreihe
Ausgewählte Texte
Meisterwerke der Weltliteratur
Klassiker mit Erläuterungen
Werkausgaben
Goldmann Classics (in englischer Sprache)
Rote Krimi
Meisterwerke der Kriminalliteratur
Fantasy · Science Fiction
Ratgeber
Psychologie · Gesundheit · Ernährung · Astrologie
Farbige Ratgeber
Sachbuch
Politik und Gesellschaft
Esoterik · Kulturkritik · New Age

Goldmann Verlag · Neumarkter Str. 18 · 8000 München 80

Bitte
senden Sie
mir das neue
Gesamtverzeichnis.

Name: _____

Straße: _____

PLZ/Ort: _____